Sven Hinz

Le paradis imaginaire

Vingt et un tableaux apocalyptiques

Traduit en allemand
par l'auteur

Klangsignal Verlag

1. Auflage 2020

Günterstalstr. 53, 79102 Freiburg
Layout und Covergestaltung: Sven Hinz
Lektorat: Walo C. Ilg
Druck: Book on Demand, Norderstedt
ISBN 978-3-949105-00-5

I. Die Woche ohne Semantik

I

La semaine sans semantique

Erster Tag

ohne Semantik

Meine großen Küsse der Geschwindigkeit sind immer weiß. Ah, die ewige Sardelle! Einen großen Kaffee mit Musik, bitte. Rotwein mit Irma la Douche. Ich verstehe vollkommen, nichts – wird regnen. Ein Uhrmacher, der lacht? Wie entsetzlich! Nicht nur. Das ist keine Pfeife. Ein Café mit maskierter Musik. Es regnet – das Dorf bin ich. Das ist Pleuville, ihr Voyeure, seht ihr? Ja... nein. Die Feder der rosa Rose von Monet. Die intellektuelle Kuh. Sie! Der Boleró: eins – zwei – drei. Der verbotene Fund. Sehr gut, Hund! Die innere Grammatik der Nichtexistenz.

Die Feder der Musik. Ein neuer Rhythmus. Das ist gut! Charroux, die Stadt mit oder ohne Charakter. Klickeriki.

Ein lachhafter Traum, ein Café au lait. Sofort, mein Herr! Ein ewiges Protokoll wäre zwecklos – oder magisch. Warum nicht?

Der Beginn der Inkompetenz. Verstehe, verstehe! Sie sehen hier die schrecklichen Auswirkungen der Drogen: Genialität, Caritas, Brüderlichkeit! Modus der Werte und der Intensität. Inthronisierung gefolgt von

Le premier jour
sans semantique

Ma cherche grands bisous de vitesse sont blanc toujours. Ah oui, l'anchovis eternelle ! Un grand café avec musique, s'il-vous plait. Du vin rouge, avec Irma la Douche. Je compris complètement, rien – ne va plus. Horloger, qui rit ? Quelle horreur ! Non, seulement. Ce n'est pas une pipe. Café avec musique masquée. Il pleut, la ville c'est moite. C'est Pleuville, voyez-vous voyeurs cela ? Oui, non. La plume de la rose rosée, Monet. La vache intellectuelle. Elle ! Le Boléro : un – deux – trois. Trouvaille interdite. Très bien, chien ! La grammatique internelle de la non-existence.

La plume de la musique. Un rythme nouveau. C'est bon ! La cité avec ou sans caractère, Charroux. Clique et qui rit.

Un rêve ridicule, un café au lait. Oui, monsieur. Un protocole éternel serait futile, ou magique. Pourquoi-pas ?

Le début d'incompétence. Je 'pris, je 'pris ! Vous percevez ici la suite néfaste des drogues : Génialité, charité, fraternité ! Mode de valeurs et d'in-

der Dyonisierung des Königs. Hunde, Bewusstsein und eine Concierge.
Mehr pluralistische Stadtmaskerade. Ahoi, Kameraden, seid begeistert! Nichts geht im singulären Plural.
Ein Wall. Ein Ball! Vallez-ballez, hopp! Klickeriki, wie schnell und wie schick! Macht schnell, ein unendliches Picknick. Öl von Olivier.
Olive, alive, oh love... O welch freudige Traurigkeit.
Auf der Suche nach dem verlorenen Ball – das ist der Traum des Hundes. Pardon! Pardon, Exzellenz. Paris!

Entschuldigen Sie, sprechen Sie französisch? Aber ja, meine Liebe, warum fragen Sie? Ich bin ein bisschen nervös. Natürlich, das würd ich verstehen. Unglaublich! Ungläubig! Perfekt, ein vollkommenes Interieur. Für die ursprüngliche oder auch vaginale Frau. Die Kuh.
Im Konzert der Anerkennung: magisch-magistratisch.
Renaissance, Resistenz, Rückblick, Erwachen, Ravel.
O, dieser Dampf im Trance-Rapide.
Russisch Ballett und Bœf de Bourgogne. Ballerí, Ballerá, Ballet-Russque. Vor der Oper ein Apero – ah, die einfachen Augen des Amperativs!
Hören Sie die ewigen Etüden der Amplituden: Mamam, Mammon! Manon... Großartig!
Oder etwa nicht?

tensité. Intronisation suivie d'ionisation du Roi. Conchiens, conscience et les concierges.

Plus vil mascarade pluralesque. Ahoi, camarades, enchanté ! Rien ne va pluraler le singulaire.

Une valle. Une balle ! Valez-ballet, hopp ! Clique et qui rit, et chique ici vite. Vite, huit, un piquenique infinite. Huile d'olivier.

Olive, alive, oh love… Ode de joyeuse tristesse. A la recherche de la balle perdu – c'est le rêve d'un chien. Pardon ! Par donne excellence. Paris !

Ecusez-moi, do you speak French ? Ah-oui, mon amour, pourquoi demandez-vous ? Je suis un petit-peuze nerveuse. Of course, I'd understande. Incroyable ! Incroyzable ! Intérieur parfaitement parfait. Par femme originale, ou vaginale. La vache.

Dans le concert de reconnaissance : magistrique magesque. Renaissance, résistance, revue, réveille, Ravel. Oh de vapeur dans la Trance-rapide.

Ballet-rustical et Bœuf de Bourgogne. Ballerí, ballerá, ballet-russque. L'apéro de l'opéra – ah, les yeux de l'ampératif simplesque !

Ecoutez les ampli-études éternelles : Maman, Mammon ! Manon… Magnifique !

Ou non ?

Die Kristallisation der fruktalen Struktur. Zu Weihnachten eine Novelle von Boulez. Pleni sunt coeli et terrae. Englischhörner und Chantaletten.
Vinaigrettes: Diese Zigarette bereue ich nicht. Die Ingredienzen sind: Balsamico, Schnittlauch, Schalotten und Butter.
Ein wenig Feuer, bitte. Feuilleton, vielleicht? Auf dem Futon liegt sie und liest die violette Liaison. Ein wenig poussieren! Nun gut, mit Henri? – Pousseur? Warum nicht...?
Manon ist krank. Man gebe ihr etwas Frikassee zum Essen! Ankunft des Menüs des Hauses, das zu verkaufen ist.
Die Banalität des Seins ohne Vernunft. Die Radieschen sind in dieser Saison besonders verboten. Die Paradieschen.

Zweiter Tag

ohne Semantik

Der Anfang ohne Beginn. Trompeten und Zinkcinellen! Tra-rit, trará, trareuilles! Eintritt der Täuscher, der Präsident. Er spricht: Für mich ist die in der folgenden

La cristallisation de la structure fructale. Nouez Boulez a la Noël de nouvellette. Pleine sont coeli et la terre. Cœurs anglais chantalette.

Les vinaigrettes : Cette cigarette je ne regrette. Les ingrédients sont : Balsamique, Ciboulette, Echalotes et le beurre.

Un peu de feu, s'il-vous-plaît. Feuilleton, peut-être ? Sur le futon, elle lit la liaison violette. Laisse-nous pousser ! A l'or, avec Henri ? – Pousseur ? Mai-oui… ?

Manon est malade. Donnez-lui un peu de fricassée à manger ! Arivée du menu á la maison à vendre.

La banalité d'être sans raison. Les radis sont cette saison particulièrement (vau)bon. Les paradis.

Le jour second
sans semantique

Le commencement sans debut. Trompettes et cinquecinelle ! Tra-rit, trará, trareuilles ! Entre le trompeur, le Président. Il dit : Per me justificiée sur

Rechtfertigung begründete Klarstellung in den Fragen der Republik der vergessenen Demokratie unmöglich. Ad honorem gloriam meum Domine Magistratum Sebastianum Sanctum et in nomine hominem inanimatum et conglorificatum in aeternam magicam laternum non est disputandum. Gute Nacht.
Darauf eine Dame von Ehre: Credo, quia absurdum est. Gratias agimus tibi propter magma vulcanos et nunc et in saecula rostrum rubrorum. *Exeunt nach verschiedenen Seiten.*
Siehe, der kindische Herr ist geboren. Und Er hat viele Kommentare auf seinem einzigen heiligen Twitter-Kanal. Lasst uns Ihn anbeten! Die Hysterisierung der Geschichte.
Pansemie.

Initium in absentia. Abesse percipi. Genesung der Kranken. Bei sich bleiben. Cassis und Jäger wie eine Scharade.
Der Nachmittagsunterricht im Frühling ist eine absolute Abwesenheit: Perfektes Parfait.
Hic saltat Deus malorum.

la suite clarifique est impossible concernant les questions de la république de la démocratie oubliée. Ad honorem gloriam meum Domine Magistratum Sebastianum Sanctum et in nomine hominem inanimatum et conglorificatum in aeternam magicam laternum non est disputandum, bonne nuit.

Sur cela une dame d'honneur : Credo, quia absurdum est. Gratias agimus tibi propter magma vulcanos et nunc et in saecula rostrum rubrorum. *Exeunt de tous côtés.*

Behold, the Childish Lord Is Born. And He Hath Lots Of Comments on His One and Only Holy Twitter Channel. Let US prayse Him ! L'hystéricalisation de l'histoire.

Pansemie.

Initium in absentia. Abesse percipi. Convalescence des malades. Demereur soi-même. Cassis et chasseur comme une charade.

La classe d'aprês-midi est l'absence absolue du printemps : Parfaitement parfait.

Hic saltat Deus malorum.

Dritter Tag

ohne Semantik

La Mettrie, der Meister, Lametta und die Maitresse: sehr interessant! Die Auferstehung des Bahnhofs, *tertia die*. Tremûre con tremolando morendo. Molto Adagio. Ternäre Reiseroute.
Terzinen nach Art der Tessinen, tasto solo, basso continuo. Komplette Kontemplation – das verbessert die condition humaine.
Concerto rosso grotesk: Achtung! *Terribilis est locus iste*. Lacan ist ein Anderer – dies ist die Vernunft der Draisinen.
Hier ist Racine oder ein Rassist, ein radikaler Traceur, ein apikaler Trakteur. Epikur im Meer ist aller Meriten würdig.
Guten Abend, Monsieur Buffon! Wie geht es Ihrem Nadelproblem? Er aber tat seinen Mund auf und antwortete also und sprach: Im Moment beschäftigen mich diverse mit Spargel und Aspik gespickte Spekulationen in einer Entfernung von 500 parsec.
Mein Chef ist eine Ziege.

Le jour troisième
sans semantique

La Mettrie, le maître, lamelle et la maîtresse : trés interessant ! La resurrection de la gare, *tertia die*. Tremor con tremolando morendo. Molto adagio. Itineraire ternaire.

Tercines à la mode du Tessin, tasto solo, basso continuer. Contemplation complète – ameliore la condition humaine.

Concerto rosso grotesque : Attention ! *Terribilis est locus iste*. Lacan est un autre – c'est la raison de (d)raisines.

Ici Racine ou un rassiste, un traceur radical, un tracteur apical. Epicure dans la mer – il est digne de tous les merités.

Bonsoir, Monsieur Buffon ! Comment va votre problème de spicule ? Mais il prit la parole et s'adressat à ses apôtres et parla : Pour l'instant, je m'occupe de spéculations parsemées d'aspik et d'asperges disparates à une distance de 500 parsec.

Mon chef est une chêvre.

Vierter Tag

ohne Semantik

Carrefour: Konkretins, wohin man sieht! Pardon, Madame, warum sind Sie so dick? Aus Ihnen könnte man vier machen. Karotten und eine kanadische Ente mit Sauce scandalaise. Meine Sandaletten fallen auseinander.
Lösen Sie diese Gleichung nach *i* auf. Pi-Carrée, Picaro, sehr pikant. (Imaginäre Einheit)^2 = minus Eins.
Deus est machina. Jesus, das Elefantenkind. Aus der Krippe ragt ein Rüssel. Töröö!
Totale Kommunikation. Bevor sie gedacht, ist die Nachricht bereits übermittelt. Totalitarismus der Kommunion: Oblate, Vergessen, jubilieren. Ob ich am Sonntag mal wieder zur Messe gehen soll?
Indoktrinationssalat, heilige Vitamine. Was ist mit Mortaminen? Benzol, Acrylamid, Phenol. Phänomenal.
Ein Brief vom Finanzamt. Finanzieren Sie meine Verlobte. Außergewöhnlicher Walzer. Eins – zwei – drei: Nón e-rit, nón e-rit fii-nis... Dieses Sein-oder-vielleicht-auch-nicht-Sein der meisten Menschen.

Le jour quatrième
sans semantique

Carrefour : Concretins, où que l'on voit ! Pardon, Madame, pourquois êtes-vous si obaise ? De vous l'on pourrait faire quatre. Carrottes et un canard canadien avec sauce scandalaise. Mes scandalettes se dissolvent.

Veuillez solutionner l'equation par *i*. Pi-carrée, Picaro, trés picant. (L'unite imaginaire)^2 = moins une.

Deus est machina. L'elenfant Jésus. De la crèche sort une trompe d'elephant. Trareuil !

La communication totale. Avant d'étre pensée la nouvelle était déjà arrivée. Le totalitarisme de la communion : Oblate, oubliée, jubiler. Est-ce que je devrais retourner à la messe dimanche ?

Salade d'indoctrination, Sainte Vitamine. Et les mortamines ? Benzol, Acrylamide, Phenole. Phenomenale.

Une lettre de l'Office des Finances. Financez ma fiancé. Valse exceptionelle. Un – deux – trois : Nón e-rit, nón e-rit fii-nis… Ce être-peut-être de la plupart des gens.

Wie ein hohes Kommuniqué. Es lebe der Urlaub im luftleeren Raum! Alórs, die Kalorien von Cahors. Spanische Stunde. Mors certa, hora incerta.
Nicht vergessen, die Schlossbesichtigung morgen. Chateau, Katzenvogel, Chateaubrillante. Auf der Straße nach Dijon.
Etwas Rinderhack, ein Salat. Das ist das Salär der Soldaten. Maccaroni, Macron, Gehacktes, wie makaber. Sein Kabinett ist eher ein Kabarett, oder nicht?
Zweihundert Gramm Mozzarella. Mozarabisch, Mozambik, sehr mozarabesk.
Vier Elemente für mein kleines Menü:

– Cointreau fürs Wasser
– eine Pilzterrine für die Erde
– ein Cordon bleu für das Feuer
– Und zum Dessert gibt es Eclair: de la lune.

Fünfter Tag

ohne Semantik

Croissants: die Heiligen vom Kreuz. Croissentimes sind sehr scientimental. Rührbutter. Salut, du Sauhund, wie geht's? Danke, ganz gut. Und dir, Brutus?

Comme un vrai communiqué. Vive les vacances dans le vide ! Alórs, les calories de Cahors. L'heure espagnol. Mors certa, hora incerta.

N'oubliez pas la visite du château demain. Chateau, chatte oiseaux, chateaubrillante. Sur la route Dijonaise.

Un hachée de vache, une salade. C'est le salaire des soldats. Maccaroni, Macron, hachée, que macabre. Son cabinet est un cabaret, n'est-ce pas ?

Deux cents grammes de mozzarella. Mozarabique, Mozambigue, très mozarabesque.

Quatre éléments pour mon petit menu :

– Cointreau pour l'eau
– une terrine forrestière pour la terre
– un cordon bleu pour le feu
– Et pour le dessert, il y a l'eclair : de la lune.

Le jour cincquième
sans semantique

Croissants : les saints de la croix. Croissentimes sont trés centimental. Beurre de baratte. Salut, Salaud, ça va ? Merci, bien. Et tu, Brute ? Merdeveil-

Verdammt gut. Auf bald, mein zitternder Troubadour, e ben trovato, Arbeiter der Transvestiten. Ein Marsch, ein Walzer, ein Ball verqueer. Ein imaginäres Paradies.
Hund und Kuh: ancien regime. Die Kuh von Vichy, wasch die Visage mit dem Wasser der Freude:

Freude schöner Götterfunken…

Willkommen auf Schloss Ballevue! Hier sehen Sie ein Trumpe-l'œuil, die barocke Baracke des barocken Königs, seine prächtige Garage, die ewige Orangerie. Bitte achten Sie auf die Stufen, sie beißen. Auf der linken Seite sehen Sie eine Rüstung mit einem Schnupfen. Benutzen Sie bitte das natürliche Pissoir.
Farbiges Wasser und der Zahnarzt der Stadt. Mehrere persönliche Anwendungen. Früher pflegte Napoleon Champollion des öfteren zu küssen.
Koronalisierung der Kanaille auf allen Kanälen. Der Meister ohne Hammer. Magritte und Brigitte Bordeaux. Warum denke ich schon wieder an das Ende der Welt?

leux. Jusqu'à bientot, e ben trouvateaux, mon Troubadoure tremable, travailleur des transvestits. Une marche, une valse, la dance à travers. Un paradis imaginaire.

La vache et le chien : un chien regime. La vache de Vichy, lavage de visage avec l'eau à la joie :

Froid de jeune air guet terre fon quen…

Bienvenue á Ballevue ! Ici vouz voyez un Trumpe-l'œuil, le Grand Baraque du Roi baroque, son garage magnifique, l'orangerie eternelle. Veuillez faire attention aux marches, elles mordent. Sur la gauche, vous verrez une armure avec un rhume. Veuillez utiliser le pissoir naturelle, s'il-vouz-plait.

Eau de couleur et le dentisticité. Applications multiples personnelles. Autrefois, Napoléon faisait souvent des bises à Champollion.

Coronalisation de canaille sur tous les canaux. Le maître sans marteau. Magritte et Brigitte Bordeaux. Pourquoi est-ce que je pense à nouveau à la fin du monde ?

Messer den Körpern
Feuer den Bildern
Wahnsinn den Sanften
Hölle den Frevlern:

Erlösung der Kunst.

Sein und Zeit: wieder mal versucht zu lesen. Vergeblich. Einfach schlechter Rhythmus. Die Sprache von Martin H. ist das reinste Hackfleisch. Ein Satz wie „Das Denken ist ein einsames Geschäft" klänge in der japanischen Poesie ganz anders: *Auf dem heiligen Berg blüht eine Rose. Niemand sieht sie.* Französische Haikus müssten doch der Höhepunkt lyrischen Genusses sein. Probier mal einen: Fünf – sieben – fünf.

Abendspaziergang.
Ein Vogel pinkelt.
Ich öffne den Regenschirm.

Es haut nicht ganz hin. Zweite Zeile zu kurz, die dritte zu lang. Lieber den Experten überlassen. Oder einen noch:

Eine Kreuzung.
Alle Ampeln stehen auf grün.
Großer Krach in der Mitte.

Couteaux aux corps
Tirez les images
Folie la douce
L'enfer aux méchants :

Rédemption d'art.

Être et temps : J'ai essayé de lire à nouveau. Vainement. Juste un mauvais rythme. La langue de Martin H. est la viande hachée la plus pure. Une phrase comme « Penser est une affaire solitaire » sonnerait très différente dans la poésie japonaise : *Une rose fleurit sur la montagne sacrée. Personne ne le voit.* Haikus en français doit être le comble de la jouissance lyrique. Essayez-en un : Cinq–sept–cinq.

promenade du soir
un oiseau fait pipi
j'ouvre le parapluie

Il ne s'ouvre pas tout à fait. La deuxième phrase est trop courte, la troisième trop longue. Mieux vaut laisser le soin aux experts. Encore un fois :

Un croisement
Tous les feux de signalisation indiquent
Gros crash au milieu ⌊le vert

Schon besser. Bis auf die blöden Ampeln ganz gut. Könnte man auch einem Computer überlassen, das Schreiben von Haikus. Wir sind besessen von Automatisierung. Bevor wir die künstliche Intelligenz erschaffen, sollten wir lieber unsere eigene entwickeln. Ich versuch's noch mal ohne Semantik:

Fundstück des Westens.
Die Tulpen stehen getrennt.
Komm also um acht.

Perfekt! Erlösung der Kunst.

Sechster Tag
ohne Semantik

Charris, Charraah, Charroux! De *Kaschperle* isch do. Der Karneval der Konfidenz in Confolence, die Konferenz der Tiere. Paranormale Aromen überall, Panoramen mit Pinoir.
Die Schiffsschaukel überschlägt sich. Mir wird schlecht, wenn ich nur hinsehe. Allerhöchstens Riesenrad, mehr nicht.

C'est mieux. Sauf les feux de signalisation sont stupides. Vous pouvez également laisser un ordinateur faire des haïkus. Nous sommes obsédés par l'automatisation. Avant de créer une intelligence artificielle, nous devrions plutôt développer la nôtre. Je vais réessayer encore un fois sans semantique :

La trouvée de l'Ouest
Les tulipes sont separée
Arrivier donc huit

C'est parfait : Rédemption d'art.

Le jour sixième
sans semantique

Charris, Charraah, Charroux ! Le *kasperle* est dou.

Le carneval de confidence à Confolence, la conference des animaux. Arômes paranormales partout, panoramas avec Pinoir.

La balançoire du navire se renverse. Je me sens mal juste en regardant. Grande roue au plus.

Ein Karussell-Lied (*endlos zu wiederholen*):

> Bertrand macht eine Fahrt
> auf dem Riesenrad,
> Riesenrad auf dem
> macht Bertrand sich's bequem.

Achterbahn: Wie viel Physik da drinsteckt. Orgasmus auf Schienen. Sex im Looping: Wie müsste man die Wagen dann wohl bauen? Zuerst die Position mit dem Partner finden, dann anschnallen und ab geht's.
Madame Bordellaise: Besuchen Sie mein Zelt! Napoleon pimpert recht apart. Handlesen: Steht da wirklich der Roman meines Lebens? Erinnert mich eher an ein Eisenbahnnetz. Was manuelle Lektüre angeht, bin ich Analphabet. Genauso wie mit Sterndeuterei: Im Zeichen des Schwans erblickst du die Linie des Lichts oder wie auch immer.
An diesem Stand gibt's neue Antiquitäten. Ob man da auch seine Ehefrau umtauschen kann? Blasfemme fatale: Jede Ehe ist eine Triage zwischen zwei Frauen. Mit seiner Jugendliebe wird man selten alt.

> – Wie haben Sie und Ihre Frau sich eigentlich kennengelernt?
>
> – Das war in der Geisterbahn. Als ich reinfuhr, saß ich noch allein im Wagen.

Lieber Gott: Danke, dass ich nicht verheiratet bin.

Rondeau de caroussell *(répéter à l'infini)* :

Bertrand fait une tournée
avec la Grande rouée,
rouée la Grande avec
Bertrand embrasse Lautrec.

Montagnes russes : combien de physique y a-t-il. Orgasme sur rails. Sexe en boucle : comment construire alors la voiture ? Positionnez-vous d'abord avec votre partenaire, puis attachez-vous et c'est parti.

Madame Bordellaise : Visitez ma tente ! Napoleon pomponne bon apárt. Chiromantie : Est-ce vraiment le roman de ma vie ? Cela me rappelle davantage un réseau ferroviaire. Quant à la lecture manuelle, je suis analphabète. Tout comme avec l'astrologie : dans le signe du cygne, vous voyez la ligne imaginaire ou le desastre des astres.

Il y a de nouvelles antiquités à ce stand. Pouvez-vous aussi y échanger votre femme ? Blasphèmme fatale : Chaque marriage est une triage entre deux femmes. Avec son amour de jeunesse on ne veillit rarement.

– Comment vous et votre femme vous êtes vous connus ?

Jemand schreit in einer grauen Konditorei: Griselle! Griselle! Grau ist sie, welch eine Elegie oder elegante Allegorie. Un poco allegretto, manon trope. Einige Inkonsistenzen werden jedoch nicht zu vermeiden sein.
Auf der Suche nach den Kindern des Sakrilegs. Die wiedergewonnene Zeit. Es war einmal. Als ich ein kleiner Junge war. Ist doch noch gar nicht so lange her, oder?
Was für ein Zirkus. Was mach ich eigentlich hier? Sehen Sie hier den Garten der Lüste von Hieronymus Bosch. Gibt es eigentlich einen Filmpreis für Pornos? Den Goldenen Dildo oder so was. Ah, hier kommt die Veuve-Clicquot mit einem Chapeau-claque. Wein à la carte ist das Ende des Spiels.

Letzter Tag

ohne Semantik

Amen. Deutsche Mandeln sind eigentlich recht liebenswert. *Inaestimabilis.* Der Magnet der Welt, der Magnet der Liebe.

– Nous nous sommes rencontrés dans le train fantôme. Quand celui-ci a démarré, j'étais toujours encore seul dans la voiture.

Merci, mon Dieu, de ne pas être marié.

Quelqu'un crie dans une patisserie grise : Griselle ! Griselle ! Elle est grise, quel élégie ou allegorie elegante. Un poco allegretto, manon trope. Cependent certaines inconsistences seront inévitables.

A la recherche de l'enfant et les sacrilèges. Le temps retrouvé. Il y en avait une fois. Quand j'étais un petit garçon. Il n'y a pas si longtemps, non ?

Quel cirque. Qu'est ce que je fais ici ? Venez regarder le jardin des plaisirs de Jérôme Bosch. Existe-t-il réellement un prix de pour le cinéma porno ? Le gode doré ou quelque chose comme ça. Ah, voici la veuve-clicquot avec un chapeau-claque. Vin de carte : fin de partie.

Le jour dernier
sans semantique

Amen. Amandes allemandes sont aimables. *Inaestimabilis.* L'aimant du monde, l'aimant de l'amour.

Dunkles Murmeln zwischen dunklen Mauern. *Glorificamus. Adiemus Patri.* Der Mystifizierer mystifiziert die Mystifizienten. Es predigt Pastor Louis. Seine Pracht flattert im Winde. Glaubt er wirklich, was er da sagt? Dein Wille geschehe (auch das noch, ein Klingelbeutel!) im Himmel wie auf Erden (Pling!). Mein Hintern tut weh. Unsre tägliche Not gib uns heute. Wieviel darf's denn heute sein? Vergib uns unsre Schulden und erlöse uns von den Börsen.
Beachten Sie, wie die Ewige Kirche zu Staub zerfällt. Deshalb das Gerüst. Der jüngste Tag lässt ein wenig auf sich warten. Und was, wenn er heute wäre? Notre Dame in Flammen. Ewiges Leiden im höllischen Feuer. Frankreich im Suff.
Definition Gottes: Frau am Steuer. Die Gegenwart des Absoluten braucht keine Kirche. Ah, ein Choral aus dem Koran! Warum nicht von Zeit zu Zeit eine Sure intonieren? Auf der Suche nach der verlorenen Religion. Am Ende steht die ursprüngliche Religion: Mein Gott, der Brahman. Interessante Entdeckung: RELIGION und ORIGINAL ergeben fast ein Anagramm. *Et iterum venturus est.* Wir brauchen dringend ein neues Manifestament. Wiederkunft des Messias, winkend aus dem Holikopter: Hallo Leute, hier bin ich wieder! Wäre schön, wenn die Botschaft Jesu auch eine Massage enthielte. Mein Hintern.

Murmures sonores entre les sombres murs. *Glorificamus. Adiemus Patri.* Le mystificateur mystifie les mystificients. Il prêche Louis le Pasteur. Sa parure flotte dans le vent. Est-ce qu'il croit vraiment ce qu'il dit ? Que ta volonté soit faite, (mai non, un bourse de quête, un sac à sonnette !), sur la terre commerciel (Pling!). Mon bas-du-dos me fait mal. Notre peine de ce jour. Combien peut-il y avoir aujourd'hui ? Pardonne-nous nos offrendres, et livrenous du mal.

Regardez l'église éternelle se décomposer en poussière. D'où l'échafaudage. Le dernier jour remonte à un peu plus longtemps. Et si c'était aujourd'hui ? Notre Dame en flammes. La souffrance éternelle dans l'enfeu. France dans la souf.

Definition de Dieu : la femme au volant. La présence de l'Absolu n'a pas besoin d'une église. Ah, un choral du Coran ! Pourquois ne pas intoner une sourate de temps en temps ? A la recherche de la religion perdue. A la fin, il y a la religion originale : Mon Dieu le Brahman. Découverte intéressante : RELIGION et ORIGINEL forment un anagramme. *Et iterum venturus est.* Nous avions désespérément besoin d'un manifestament nouveau. Retour du Messie, saluant de la main dans l'holicoptère : Je suis là, bonjour !

Lesung aus dem Buch des Häresias. Noktivität des Herrn. Häremetisch. Ein Häremit im Hermelin. Das Verrückteste, was ich je gelesen habe.
Lasset uns beten. Autsch, die Bänke sind seit dem letzten Mal auch nicht weicher geworden. Apoplektische Katechumenen, welche einen kathartischen Katechismus beten. Ich hoffe, es nützt was.
Todsünden: Sieben Ps wird man im Fegefeuer auf meine Stirn schreiben. Mindestens.
Apropos Sünde: Zählt eine imaginäre Affäre auch dazu? *L'affront d'Aphrodite*, guter Titel für eine Oper. *Robert le Dieuble* ist eine der besseren Opern von Meyerbeer.
Wo bin ich hier eigentlich? Kapuzinerkirche. Wo die Cappuccino-Mönche hausen.
Auferstehung des Garde du corps am Gare du Nord. *Surrexit Dominus*. Eunucharistie.
Das allerletzte Abendmahl. Mund auf, Augen zu. Nur noch ein paar Krümel bleiben übrig vom heiligen Biskuit, und ein Rotweinring. Wein des Sakraments. Wasser der Blässe und der Identität. Saturierung satirischer Satanisten. Links abbiegen, dann haben Sie Ihr Ziel erreicht. Wenn der Weg das Ziel ist, ist das Ziel weg. Die Szenerie ändert sich, das Ich bleibt. Bewusstsein. Wie in einer Mietwohnung: Die Mieter wechseln, die Concierge bleibt.

Ce serait bien que le message de Jésus fournisse aussi un massage. Mon bas-du-dos.

Lecture du livre d'Hérésias. Noctivité du seigneur. Hérémetique. Ermite dans l'Hermelin. La chose la plus folle que j'aie jamais lu.

Laisser nous prier. Aïe, les bancs ne se sont pas ramollis depuis la dernière fois. Catéchumènes apoplectiques qui prient un catéchisme cathartique. J'espère que cela servira à quelque chose.

Les péchés mortels : On m'écrira sept 'P' sur le front au purgatoire. Au moins.

A propós péché : Une liaison imaginaire en fait-elle partie ? *L'affront d'Aphrodite,* bon titre pour un opéra. *Robert le Dieuble* est l'un des opéras les meilleurs de Meyerbeer.

Où suis-je ici ? A l'Eglise des Capucins. Où vivent les moines cappuccines.

Resurrection de la garde du corps. *Surrexit Dominus.* Eunucharistie.

Le tout dernier souper. Ouvrez la bouche, fermez les yeux. Il ne reste que quelques miettes du biscuit sacré et une empreinte de vin rouge. Le vin du sacrement. Eau de pâleur et d'identité. Saturation des satanistes satiriques. Tourner a gauche : Vous-avez atteint votre but. Si le chemin est le but, alors le but est parti. La scène change, le Moi reste.

Ich habe dich bei deinem Namen gerufen; du bist mein. Wenn ich nur meinen Namen wüsste. Diese lächerliche Kombination von Geräuschen, die meine Eltern mir gegeben haben, kann doch nicht ernsthaft mein Name sein. Jean-Claude, Michelle und wie wir alle heißen. Wenn ich darüber nachdenke, habe ich keinen Namen. Ich benutze ihn nur. So wurde ich mir vorgestellt. Gibt es überhaupt irgendwas? Am Ende denk ich mir das alles hier nur aus. Mein imaginäres Paradies. Warum nicht? Mendelssohn komponierte seine *Hebriden*-Ouvertüre, bevor er selber da war. Ich mache das gleiche mit meinem Paradies. Alle machen wir das. Così fan tutte, könnte man sagen. 144.000 werden erlöst. Soso. Mehr nicht. Was soll der Geiz? Da könnten wir doch noch aufstocken. Dieser Zahlenfetischismus. Drei mal drei ist neune, widewit-bumm-bumm. Heilige Trinität. Sowieso gibt es nur einen, der erlöst wird, nämlich je ich. Klingt nach Heidegger. Was der jetzt wohl macht? Sitzt mit Newton unterm Baum der Erkenntnis und wartet darauf, dass ihm ein Apfel auf den Kopf fällt. Gibt es Gravitation im Paradies? Muss es ja wohl, sonst wären Adam und Eva die ersten Raumfahrer gewesen: völlig schwerelos. Wie lächerlich das alles wird, sobald man's wörtlich nimmt. Das Wort wörtlich genommen. Sprache ist ein lächerlicher Traum. Wir ha-

La conscience. Comme dans un appartement loué : les locataires changent, le concierge reste.

Je t'appelle par ton nom : tu es à moi. Si seulement je connaissais mon nom. Cette combinaison ridicule de sons que mes parents m'ont donnés ne peut pas vraiment être mon nom. Jean-Claude, Michelle, et comment nous nous appellons tous. Quand j'y pense, je n'ai pas de nom. Je fais que de l'utiliser. C'est comme ça que j'ai été présenté à moi-même.

Y a-t-il vraiment quelque chose ? En fin de compte, je viens d'inventer tout cela. Mon paradis imaginaire. Pourquoi pas ? Mendelssohn a composé ses ouverture *Les Hébrides* avant d'y être lui-même. Je fais la même chose avec mon paradis. Nous le faisons tous. Così fan tutte, pourrait-on dire. 144.000 seront rachetés. Comme ci, comme ça. Pas plus. Pourquoi cet avarice ? Nous pourrions augmenter cela. Ce nombre fétichisme. Trois fois trois font neuf, grand esprit-boum-boum. Sainte Trinité. En tout cas, il n'y a qu'une seule personne qui sera rachetée, et c'est moi. Sonne comme Heidegger. Que fait-il maintenant ? Assis avec Newton sous l'arbre de la connaissance et attendant qu'une pomme lui tombe sur la tête. Y a-t-il de la gravité au paradis ? Il le faut, sinon Adam et Eve auraient été les premiers voyageurs de l'espace :

ben's weit gebracht, bis nach Babylon, aber die alten Tiere sind wir nach wie vor. Vielleicht ist Gott so was wie die Schwerkraft: omnipräsent, alldurchdringend. Von allen Seiten umgibt sie dich. Gravitation noch im kleinsten Körnchen. Was die Welt im Innersten undsoweiter.

Erlösung: von was denn überhaupt? Von der Zeit, vermute ich. Ewigkeit ist Raum ohne Zeit, könnte man sagen. Unendlichkeit wäre dann Zeit ohne Raum. Wo sich die beiden treffen, entsteht die Welt. Am Schnittpunkt des Kreuzes. Daher das Symbol der Erlösung. Geschickt gemacht.

Dieses schlampig zusammengeflickte Leinen- oder Leichentuch: An den Rändern der Tage, Stunden, Minuten und Sekunden zerfasern die Nähte und dahinter siehst du den wahren Himmel, nicht den aus Stoff, das Himmels-Zelt; so real wie das Kissen, auf dem du nach dem Zerreißen des Gespinstes erwachst, welches dein Traum war. Danach kommt dir die Welt vor wie eine Ansammlung von Requisiten aus Pappmaché im Keller irgendeines abgehalfterten Theaters. *Denn der erste Himmel und die erste Erde sind vergangen; und das Meer ist nicht mehr.* Wir leben in der Scheinzeit. Es braucht nicht viel. Gott ist das, was übrigbleibt, wenn keiner hinschaut. Hast du das löchrige Spitzenwerk der Zeit einmal durchschaut, bedeu-

complètement en apesanteur. Comme tout cela devient ridicule dès que vous le prenez au pied de la lettre. Le mot pris à la lettre. La langue est un rêve ridicule. Nous avons parcouru un long chemin vers Babylone, mais nous sommes toujours les animaux d'antan. Peut-être que Dieu est quelque chose comme la gravité : omniprésent, omnipuissant. Il vous entoure de tous côtés. Gravitation même dans le plus petit grain. Ce que le monde cache en lui-même, etc.

Délivrance – de quoi ? Du temps je suppose. L'éternité est un espace sans temps, pourrait-on dire. L'infini serait alors le temps sans espace. Là où les deux se rencontrent, le monde surgit. À l'intersection de la croix. D'où le symbole de la délivrance. Intelligemment fait.

Ce linge ou ce linceul mal rapiécé s'appelle le temps. Les bords des jours, des heures, des minutes, des secondes s'effilochent, et c'est à travers de ces lambeaux l'on voit le vrai ciel, pas celui en tissu de la tente céleste ; aussi réel que l'oreiller sur lequel vous vous réveillez après avoir déchiré le fil qui était votre rêve. Après cela, le monde vous apparaît comme une collection d'accessoires en papier mâché au sous-sol d'un théâtre usé. *Car le premier ciel et la première terre avaient disparu, et la mer n'était plus.*

tet dir das Ticken der Uhr nichts mehr. Die Stille ist tiefer.
Jeder, der ein besonders lustiges Leben geführt hat, wird in mein magisches imaginäres Paradies aufgenommen. Zeugen Jehovas? Wir müssen leider draußen bleiben. Stelle mir vor, wie die ans Himmelstor klopfen: Wir würden gerne mit Ihnen über Gott reden. Die Tugendhaften machen weiter wie bisher.

No fun for all?

Nous vivons dans le temps apparent. Il n'en faut pas beaucoup. Dieu est ce qui reste quand personne ne regarde. Une fois que vous avez parcouru le chef-d'œuvre troué du temps, le tic-tac de l'horloge ne signifie rien pour vous. Le silence est plus profond.

Tous ceux qui ont mené une vie particulièrement amusante sont acceptés dans mon paradis magique ou imaginaire. Et les témoins de Jéhovah ? Avez-vous déjà vu que l'on frappe à la porte du ciel : nous aimerions vous parler de Dieu. Malheureusement, ceux-là restent dehors. Néanmoins les vertueux continuent comme toujours.

No fun for all?

II. Die sieben Instrumente

II

Les sept instruments

Die Flöten

Melodie des Tages, Sonette des Südens, Flöten der Nacht und alles Gute zum Geburtstag. Beerdigungstanz der fünf zuckrigsten Monate: Anouilh, Janvier, Juliette, Septimbre, Trezember. Fünf Heilige, die das Quintett auf das Ende der Zeit spielen. Tutu, Jacke und Rock!
Ich liebe Doré, ich liebe den Tschador! Ein elohymnischer Chardonnay.
Silberne Lerchen, goldgesättigt. Paradí, Paradá, Parad'œf. Dort werden wir burgunderroten Rotwein, jadegrünen Wein, ägäischen Seeblauwein, zitronengelben Wein, regenbogenfarbenen Wein, zartrosanen Wein und kristallklaren Weißwein trinken. Die Liturgie beginnt.

Die Harpfen

Pling, pling, der Grand Herald zupft unheilvoll sein siebensaitiges Instrument. Dann verkündet er die Reihenfolge der Festivitäten:

Les flûtes

La mélodie du jour, les sonettes du sud : Flûte de la nuit, et bon anniversaire. La danse funèbre des cinq mois les plus sucrés : Anouilh, Janvier, Juliette, Settimbre, Trecembre – Cinque Saints qui interprètent le quintuor pour la fin du temps. Tutu, le veston et la jupe !

J'adore, j'adoré le tchador ! Un Chardonnay elohymn.

Alouettes d'argent, saturé d'or. Paradí, Paradá, Parad'œf. La nous boirons le vin rouge bordeaux, le vin vert de jade, vin de bleu de mer egée, vin de jaune citron, vin de couleur d'arc-en-ciel, vin de vermeilles et vin de blanc cristal. Liturgie commence.

Les harpes

Pling, pling, le Grand Héraut pince de façon inquiétante son instrument à sept cordes. Puis il annonce le programme des festivités :

- **14 Uhr:** Ankunft der Erzengel in Archachon und Los Angeles!
- **15 Uhr:** Exkommunikation von zwei Dritteln aller Priester!
- **17 Uhr:** Öffentliches Kritisieren der kreischenden Kritiker!
- **19 Uhr:** Vorführung einer Dressurquadrille mit den apokalyptischen Reitern! Ein Maß Weizen für einen Denar und drei Maß Gerste für einen Denar. Getränke sind kostenlos.
- **20:30 Uhr:** Verurteilung aller Philister, Langweiler, Kunstverhinderer, Bürokraten, Schöpfer von hässlichen Wörtern und SUV-Fahrern! Sie werden dazu verdammt, für immer die *Vexations* von Saite anzuhören.
- **22 Uhr:** Vertilgung aller Verfolger von Andersdenkenden durch die Große Raupe Nimmersatt. Ein Heidenspaß für Jung und Alt!
- **Um fünf vor zwölf** schließt die Hölle ihre Pforten. Bitte seien Sie pünktlich! Danach ist kein Einlass mehr möglich.

- 14 h : Arrivée des archanges à Archachon et Los Angeles !
- 15 h : Excommunication des deux tiers de tous les prêtres !
- 17 h : Critique publique des critiques hurlants !
- 19 h : Répresentation d'une quadrille de dressage avec les cavaliers apocalyptiques ! Une mesure de blé pour un denier, et trois mesures d'orge pour un denier. Boissons gratuites.
- 20 h 30 : Condamnation de tous les philistins, des ennuieurs, des entraveurs à l'art, des bureaucrates, des créateurs de mots laids et des conducteurs de SUV ! Vous êtes condamné à écouter les *Vexations* de Satie pour toujours.
- 22 h : Extermination de tous les persécuteurs de dissidents par la Grosse Chenille Glouton qui fait des trous. Beaucoup de plaisir pour petits et grands !
- L'enfer ferme ses portes entre cinq et douze heures. Sois à l'heure s'il te plaît ! Après cela plus aucune entrée n'est possible.

Daraufhin stimmt er seine Leier und singt das Lied der ewigen Wiederkehr:

„Pling pling Alles geht, Alles kommt zurück; ewig rollt das Rad des Seins. Pling! Alles stirbt, Alles blüht pling wieder auf, ewig läuft das Pling des Seins.

Alles bricht, Alles wird pling neu gefügt; ewig baut sich das gleiche Pling. Alles scheidet, Alles grüsst sich pling; ewig bleibt sich treu das Pling des Seins.

In jedem Nu beginnt das Pling; um jedes Hier rollt sich pling die Kugel Dort. Die Mitte ist überall pling. Krumm ist pling der Pfad der Ewigkeit. Pling pling!“

Die Trommeln

Aufgerührte Butter ruft zur Auferstehung. Haben Sie auch nichts vergessen? Bitte achten Sie darauf, dass Sie alle persönlichen Wertgegenstände bei sich tragen, und verlassen Sie das Grab so, wie Sie es vorzufinden wünschen. Fundgegenstände werden versteigert, spätere Reklamationen werden nicht angenommen.

Puis il accorde sa lyre et chante le chant de l'éternel retour :

« Pling pling Tout va, tout revient ; la roue de la vie roule pour toujours. Pling ! Tout meurt, tout fleurit pling à nouveau, l'année de pling court pour toujours.
Tout se brise, tout est pling reconstruit ; éternellement le même pling se répète. Tout dit ses adieux, et tout se salue à pling nouveau ; la ronde du pling se reste fidèle pour toujours.
À chaque moment le pling rèapparait ; les antres d'ici se voient contourner pling nées d'antan. Partout est pling le milieu. Tordue est pling le chemin de l'éternité. Pling, pling ! »

Les tambours

Beurre de baratte : il appelle à la résurrection. N'as-tu rien oublié ? Veuillez vous assurer que vous emportez tous les objets de valeur personnels avec vous et laissez la tombe comme vous aimeriez la retrouver. Les objets perdus seront mis aux enchères, les réclamations ultérieures ne seront pas acceptées.

Ravels Bolero, diese crescentanzende Rattatatouille, diese peripetive Parusie, diese exklamative Eifersucht, dieser Tanz, repetitiv, generativ, sehr gut!, rappelativ, unico-dodeka-tredikativ par excellence! Ravel, der Relevante, der Revelateur, dieser permutative Provokateur, trommelt uns alle aus den Gräbern. Beeilen Sie sich, die schönen Dessous werden gleich verkauft! Alles drängelt zur Auktion.

Die lange Liste der lingualen Lingerie:

- die ramponierte Bluse von Madame Buffon
- der Chapeau-clacque von Madame Chirac
- die hübsche Badinerie von Madame Curie
- der Bonheur-du-jour von Madame Pompadour
- die koketten Stiefeletten von Marie Antoinette
- der graue Paletot von Madame Tusseau
- die Juwelerie von Madame Bovary
- das gefiederte Korsett von Madame Desirée-Closet
- der ekliptische Slip von Madame Philippe
- der Büstenhalter der Madame d'Orge
- der Bolero der Marquise von O.

Le Boléro, cette ratatatouille crescendanse, cette parousie péripétive, cette jalousie exclamative, cette

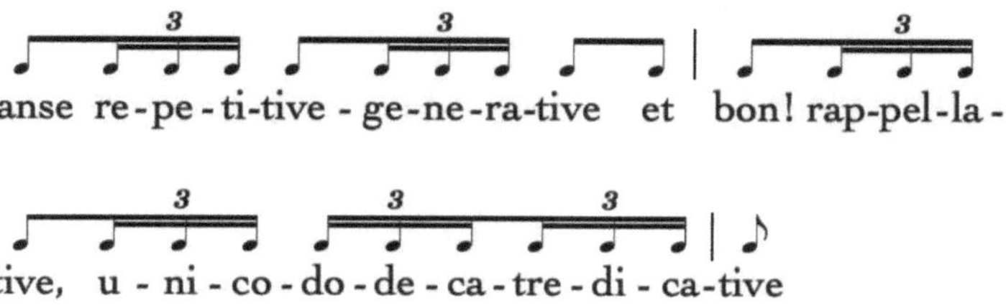

par excellence ! Ravel, le relevant, le revelateur, le provocateur permutatif, il nous fait tous sortir de nos tombes. Dépêchez-vous, les beaux dessous vont être vendue sur le point ! Tout acourent aux enchères.

La longue liste de la lingerie lingual :

– le blouson rampon de Mme Buffon
– le chapeau-claque de Mme Chirac
– la badinerie cherie de Mme Curie
– le bonheur-du-jour de Mme Pompadour
– les sandalettes coquettes de Marie Antoinette
– le gris manteau de Mme Tusseau
– le joallerie de Mme Bovary
– le corset plumée de Mme Desirée-Closet
– les slips d'eclipse de Mme Philipse
– le sutien-gorge de Mme d'Orge
– le boléro de la Marquise d'O.

– die Tailleurs von Madame Montgolfieur
– die Zwangsjacke von Madame Terôle
– der Entenschal von Madame Blanchard
– das konventionelle Fell von Madame Chanel

Schlussverkauf am Ende der Zeit: Alles muss raus!

Die Posaunen

Transfiguration, Plastizität, Transsubstantiation, Elastizität, Sublimation, Klassizismus und plastische Chirurgie. Polarisation planetarischer Planetoiden. Plan B existiert nicht. Panik auf der brennenden Erde.

Irgendwo im Nirgendwo: Die Autos starten nicht mehr, das Benzin ist ausgegangen. Entschuldigung, könnten wir bitte nochmal umkehren? Ich habe meinen Geldbeutel zu Hause gelassen. Nichts rettet niemanden mehr: Godot ist angekommen.

Confutatis maledictis
flammis acribus addictis
voca me cum benedictis.

– les gants elegants de Mme Durand
– les tailleurs à la grandeur de Mme Montgolfieur
– la camisole de Mme Terôle
– le foulard canard de Mme Blanchard
– le sac conventionelle de Mme Chanel

Ventes à la fin des temps : tout doit vendu!

Les trompettes

Transfiguration, plasticité, transsubstantiation, élasticité, sublimation, classicisme et chirurgie plastique. Polarisation des planetoides planéternelles. Un plan B n'existe pas. Panique sur la terre brûlante.

Quelque part dans nulle part : Les voitures ne démarrent plus, l'essence est épuisée. Pardon, pouvez-vous faire demi-tour, s'il vous plaît ? J'ai laissé mon portefeuille à la maison. Rien ne sauve plus personne. Godot est arrivé.

Confutatis maledictis
flammis acribus addictis
voca me cum benedictis.

Halozinogene im Intermarché: Alkaloide, Stereoide, Asteroiden im Sonderangebot. Ein bisschen Spaß muss sein! Auf Proserpentinen in die Unterwelt: Schienenfahrzeuge haben Vorrang.
Finsternis der elliptischen Epilepsie: Sonnenwende am Mittag.

Oro supplex et acclinis
cor contritum quasi cinis
gere curam mei finis.

Das letzte Blut pulsiert, die Menschenaffen kreischen. Lucifaire: Nichts geht mehr. Im Zeichen des Schwans manifestiert sich die Linie des Leichentuchs. Der Horizont ist zerrissen, der Himmel aus Papier brennt. Pure Präsentation: Die Mauern stürzen ein. Das Aussehen von alliterarischem Aluminium.
Nun wird das Fest der Ewigen Familie offenbar. Das jüngste Mitglied am Tisch ist der Ur-Ur-Ur-Ur-Vorfahr-Kreidezeit-Ur-Proterozoikum-Grand-Cru-de-Dinosaurier-de-Grand-Großvater von Moses dem Älteren: Gargantuel, der gigantische Polyp, erhebt sich aus dem Meer.

Halocinogènes á l'Intermarché : Des alcaloïdes, stéréoïdes, astéroïdes en offres speciales. Tout va très bien, Madame la Marquise ! Sur les proserpentines aux enfers : La priorité est donnée aux véhicules ferroviaires.

L'éclipse de l'épilepsie elliptique : Solstice à midi.

Oro supplex et acclinis
cor contritum quasi cinis
gere curam mei finis.

Pulsation du dernier sang, particularisation des singes hurlants. Lucifaire : rien ne va plus. Dans le signe du cygne se manifeste la ligne du linceuil. L'horizon violet se déchire, le ciel de papier brûle. Présentation pure : s'effondrent les murs. Les allures de l'aluminium aliterique.

Maintenant, la fête de la famille éternelle est dévoilée. Le plus jeune membre à la table est le grand-grand-arrière-grand-ancêtre-période-crétacée-grand-Protérozoïque-grand-cru-de-dinosaure-de-grand-grand-père de Moïse l'Ancien : Gargantuel, le polype gigantesque surgit de la mer.

Then once by man
and angels to be seen,
In roaring he shall rise
and on the surface die.

Die Orgeln

Ihre Pfeifen bestehen aus Bor, aus Chlor und aus Phosphor. Sieben mal sieben Oktaven: Ihre Tastaturen decken das gesamte elektromagnetische Spektrum ab. Ionisierte Akkorde, melodische Elektrolyte. Sieben simultane Fugen zu zwölf Stimmen kündigen das Erscheinen der Ewigen Kirche an. Aus dem Abgrund erbebt das Bombardement der Bässe. Das Buch der Orgeln ist geöffnet.
Mit Zungenregistern aus Eisen und Feuer, Wasserstoff und Zinn: Krummhörner aus Blei, Nazard aus Neon, Bourdon aus Carbon, Pfeiflein aus Tellur.
Aliquis, Aliquart, Aliquot. Isotope der Tropen: Alumignon, Organesson, Argonjargon. Mixturen ätherischer Harmonien. Cymbalon aus Terzchören.
Schalmeien aus Zink! Fünf Klangkronen mit neun Strahlen, der strahlende Klang. Großer Gott! Residualflöten generieren den Fluss der himmlischen Liebe.

Then once by man
and angels to be seen,
In roaring he shall rise
and on the surface die.

L'orgues

Leurs tuyaux sont en bore, en chlore, en phosphore. Sept par sept octaves : Leur clavier couvre tout le spectre électromagnétique. Accords ionisés, electrolytes mélodiques. Sept fugues simultanées pour douze voix qui annoncent l'apparition de l'eglise eternelle. Le bas de l'abîme. Bombardement. Le livre d'orgues est ouvert.

Avec des registre de la langues en fer et feu, hydrogène, étain : Cromorne de plomb, nazard en néon, bourdons de carbone, pipeau de tellure.

Aliquis, aliquarte, aliquotes. L'isotopes des tropes : Alumignon, organesson, jargon d'argon. Mixtures d'harmonies éthérées. Cymbales aux chœurs de tierces.

Chalumeaux de zinc ! Cinq couronnes sonores à neuf rayons, le son radieux. Dieu ! Les flûtes résiduelles génèrent le flux d'amour céleste.

Die Wasserstoff-Hydraulis hat ein Sifflet aus Schwefel, ein Nachthorn aus Chrom, ein Prinzipal aus Titan. Salziges Salicional, Vox humana aus Antimon. Theorlogische Theorbe, sublime Transfiguration. *Theòs Uranathos*.
Die sieben freudestrahlenden Elemente:

Arcangelum	(Arc)
Platonium	(Pla)
Choralithium	(Cor)
Iupiterium	(Iu)
Pacium	(Pac)
Prophetium	(Pro)
Septenium	(Spt)

Es erklingt der Chanson des Chevalier Cornet, des siebten Dudelsacks von Basson-Régale. Gesänge der Erde und des Himmels, aus Mangan und Scandium. Zwölf Notationen: Noktifizierung der Schwarzen Löcher. Dreizehn Toccaten au contraire. Krypton wurde von den Argonauten entschlüsselt. Triton regiert die Ozeane. Brüllende Schamaden brillanter Trompeten: Sonorisation der Farben, Spektralisation der himmlischen Stadt, Choralisierung der Herzen. *Equilibrium aeternum*.

L'hydraulis hydrogène a un sifflet de soufre, un cor de nuit de chrome, un principal de titane. Salicional saline, voix humaine d'antimoines. Théorbe theorloger, transfiguration sublime. *Theòs uranathos.*

Les sept éléments radiant-joyeux :

Arcangelum	(Arc)
Platonium	(Pla)
Choralithium	(Cor)
Iupiterium	(Iu)
Pacium	(Pac)
Prophetium	(Pro)
Septenium	(Spt)

Éclate le chant du chevalier Cornet, septième sacqeboute de Basson-Régale. Chants de terre et de ciel du manganèse et scandium. Douze notations : Noctification des trous noirs. Treize toccates au contraire. Crypton a été dechiffrée par les argonautes. Triton règne sur les océans. Les trompettes brillantes rugissent des chamades : Sonorisation des couleurs, spectralisation de la cité celeste, choralisation des cœurs : *Equilibrium aeternum.*

Die Chöre

Die Musik der Mystiker wird von drei vierstimmigen Chören gemacht, die aus sechsunddreißig Lapidaren und Lapideusen bestehen. Wie immer deklamieren alle zum Einsingen diese Verse:

Religiöses **Do**mizil
Mitterand der **Sol**zialist
Fatalist, der **la**mentiert:
Sibilantes **do**na!

Die Sopranistinnen sind:

die Heilige Jadeide
die Heilige Angelita
die Heilige Diamanta *(eine Solistin)*

die Heilige Aventurine *(eine Sopranine)*
die Heilige Opalia *(eine ehemalige Opernsängerin)*
die Heilige Thulite

die Heilige Beryllonita
die Heilige Chrysopas
die Heilige Dioptas *(ein wenig kurzsichtig)*

Les chœurs

La musique des mysticœurs est faite par trois chorales à quatre voix, composées de trente-six lapidaires et lapideuses. Comme toujours, tout le monde déclame ces versets avant de chanter :

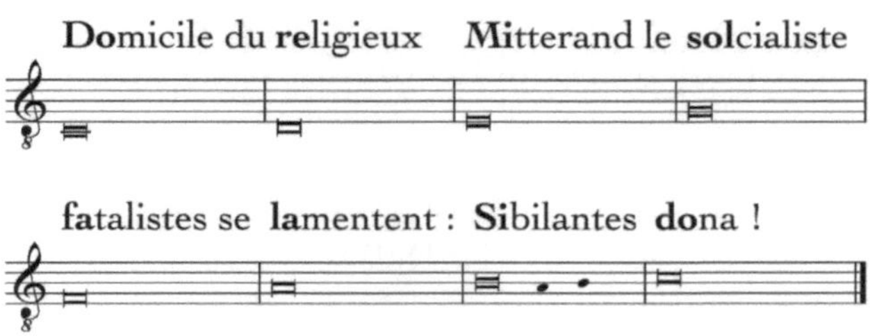

Les sopranos se composent de

Sainte Jadéite
Sainte Angelite
Sainte Diamante *(une soliste)*

Sainte Aventurine *(une sopranine)*
Sainte Opale *(une ancienne chanteuse d'opéra)*
Sainte Thulite

Sainte Beryllonite
Sainte Chrysopas
Sainte Dioptase *(elle est un peu myope)*

Wir sehen im Alt:

die Heilige Anyolitha
die Heilige Achate *(die mit dem sehr starken Tremolo)*
die Heilige Albita

die Heilige Cordierita
die Heilige Amethysta
die Heilige Sodalita *(immer mit einer Flasche Mineralwasser)*

die Heilige Chrysoberyllia
die Heilige Turkisa
die Heilige Zoisita

Die Tenöre:

der Heilige Coelestin *(ebenfalls ein Solist)*
der Heilige Benitoit
die Heilige Rubinstein *(eine Tenoreuse)*

der Heilige Aquamarinus
der Heilige Malachitius
der Heilige Tansanitius *(der mit den besonders weißen Zähnen)*

der Heilige Jaspis *(der gerne Solist wäre)*
der Heilige Pyritius
der Heilige Saphyrus

On voit dans les contraltos :

Sainte Anyolite
Sainte Agate *(celle avec le trémolo le plus fort)*
Sainte Albite

Sainte Cordiérite
Sainte Amethyste
Sainte Sodalite *(a toujours une eau minérale plate avec elle)*

Sainte Chrysobéryl
Sainte Turquoise
Sainte Zoïsite

Les tenores :

Saint Coelestin *(soliste aussi)*
Saint Benitoit
Sainte Rubinstein *(une tenoreuse)*

Saint Aquamarin
Saint Malachite
Saint Tanzanite *(avec des dents particulièrement blanches)*

Saint Jaspis *(qui voudrait être soliste)*
Saint Pyrite
Saint Saphir

Die Bässe:

der Heilige Topas von Sainte-Tropez
der Heilige Diasporus
der Heilige von den Edlen Korallen

der Heilige Obsidian *(ein schwarzer Bass)*
der Heilige Azurit
der Heilige Dom Peridot *(der gerne mal eine Runde ausgibt)*

der Heilige Dumortieritus
der Heilige Vesuvianus
der Heilige Orthoklas *(Gründer des Ordens der Orthoklasten)*

Chorleiterin ist die Heilige Smaragdala. Nach den von ihr selbst komponierten „Zwölf Etüden der Komplexität von Esmeralda" singen alle

If you're happy and you know it, clap your hands!

Dann stimmen sie zu Ehren von Herrn Friedrich Silcher, der heute den dreihundertvierundsiebzigsten Jahrestag seines Todes feiern würde, einige Chorsätze aus seiner Sammlung *Die Schönsten deutschen Volkslieder* an, welche der Meister, der bei der Probe anwesend war, daselbst zu intonieren und zu dirigieren wünscht:

Les basses :

Saint Topas de Sainte-Tropez
Saint Diaspor
Saint Coraux noble

Saint Obsidian *(une basse profonde)*
Saint Azurite
Saint Dom Peridot *(qui aime offrir une tournée)*

Saint Dumortiérite
Saint Vesuvianite
Saint Orthoklas, *(fondateur de l'Ordre des Orthoclastes)*

Chef d'orchestre des chœurs est Sainte Smaragdala. Après les « Douze etudes de complexité d'emeraudes » qu'elle a composées elle-même, elles chantent

If you're happy and you know it, clap your hands !

Puis ils entonnent, en l'honneur de *Herr Friedrich Silcher,* qui fêterait aujourd'hui le trois cent soixante-quatorzième anniversaire de sa mort, quelques pièces chorales de son cycle *Die Schönsten deutschen Volkslieder,* que le maître, qui était présent à la répétition, souhaite diriger :

Nun ruhen alle Wälder

und darob das schöne

O Täler weit, o Höhen.

Am Ende der Probe möchte die kleine Sainte Aventurine eine informelle tragethische Ballade aufsagen. Sie ist ein nervöses Bisschen, wie sie gerne sagt. Alle lachen.
Sie rezitiert:

Valore de Dieu
Galore de mieux
Chantreuse de Ciel
Ballereuse du miel.

Und wie jedesmal pfeift irgendjemand *Always look on the bright side of life* am Ende.

Die Englischhörner

Pleni sunt coeli et terrae! Englischhörner chantalieren, vierundzwanzig Brautjungfern begleiten die himmlische Hochzeit:

Nous Rouen allez velles d'air

et puis encore :

Hôteleur vaite, au eu ennes.

A la fin de la répétition, la petite Sainte Aventurine veut réciter une ballade tragéthique informelle. Elle est une petite-peuze nerveuse, comme elle aime à le dire. Tout le monde rit.

Elle récite :

Valore de Dieu
Galore de mieux
Chantreuse de Ciel
Ballereuse du miel.

Et comme toujours, quelqu'un siffle *Always look on the bright side of life* à la fin.

Les cors anglais

Pleni sunt coeli et terrae ! Cœurs anglais chantonnant, vingt-quatre demoiselles d'honneur accompagnent le mariage céleste :

Akazia die Honigsüße, Altheda die Antike, Alyssa d'Ulisse, Amaranth die Liebenswerte, die Fee Amaryllis, Begonia die Begossene, Calantha, die Gräfin des Kalligraphen, die Kameliendame, Chloris aus dem Schwimmbad, Crisantha die Brisant-Explosive, Narzissa die Prätentiöse, Daisy la Duck, Fleur Delacour, Hazel von Brugger, Heather Holiday, die Herzogin von der Lavendeltreppe, Magnolia die Stählerne, Primula die Einzigartige, Verbena die Gebenedeite, Hyazinth die Zartbittere, Aurelia die Porzellanene, Linnea die Geradlinige, Violetta die Blauäugige und Erin die irische Iris. Sie tragen jede für Christus eine Chrysantheme und singen dabei *Sag mir, wo die Blumen sind*.

Bei der großen Vereinigung fallen sich unter anderem in die Arme:

Adam und Eva, Tristan und Iseult, Romeo und Julia, Jorinde und Joringel, Daphnis und Chloé, Pelléas et Mélisande, Sokrates und Xanthippe, Benjamin Britten und Frank Bridge, Karl Lagerfeld und Jacques de Bascher, Villeroy und Boch, Lukrezia Borgia und Don Cherubin Juan de Centelles, Lukrezia Borgia und Don Gasparo da Proscida, Lukrezia Borgia und Giovanni Sforza, Helena und Odysseus, Stan und Ollie, Ernie und Bert, Gretchen und Faust, Harry und Sally, Lukrezia Borgia und Alfonso Bisceglie, Orpheus und Eu-

Acacia de la Douceur-du-Miel, Altheda l'Antique, Alyssa d'Ulisse, Amarante l'Aimable, Amaryllis la Fée, Begonia l'Aspergé, Calantha, Comtesse de la Calligraphe, la dame aux Camélias, Chloris de la Piscine, Crisantha la Brisante-Explosive, Narcisse la Prétentieuse, Daisy la Duck, Fleur Delacour, Hazel de Brugger, Heather Holiday, Lavande, la duchesse de l'Escalier, Magnolia l'Acier, Primula l'Unique, Verbene la benie, Hyacinthe la Froide, Aurélie la Porcelaine, Linnea la Linéaire, Violette les Yeuxbleus et Iris l'Irlandaise. Ils portent chacunes un chrysanthème pour le Christ en chantant *Où sont allées toutes les fleurs ?*

Lors de la grande réunion, s'embrassent, entre autres :

Adam et Eve, Tristan et Iseult, Romeo et Juliette, Jorinde et Joringel, Daphnis et Chloé, Pelléas et Mélisande, Socrate et Xanthippe, Benjamin Britten et Frank Bridge, Karl Lagerfeld et Jacques de Bascher, Villeroy et Boch, Lucrèce Borgia et Don Cherubin Juan de Centelles, Lucrèce Borgia et Don Gasparo da Proscida, Lucrèce Borgia et Giovanni Sforza, Helena et Odysseus, Stan et Ollie, Ernie et Bert, Faust et Marguerite, Harry et Sally, Lucrèce Borgia et Alfonso Bisceglie, Orpheus et Eurydice, Gargantua et Pantagruel, Dracula et van

rydice, Gargantua und Pantagruel, Dracula und van Helsing, Bill Gates und Steve Jobs, Bill Clinton und Monica Lewinski, Schneewittchen und die sieben Zwerge, James Bond und Dr. No, Asterix und Obelix, Tom und Jerry, Jerry und Lewis, Lewis und Carroll, Robin Hood und der Sheriff von Nottingham, Bud Spencer und Terence Hill, Konrad Adenauer und Walter Ulbricht, Mozart und Salieri, Lukrezia Borgia und Alfonso d'Este, der Herzog von Ferrara, Richard und Cosima Wagner, Gilbert und Sullivan, Mr. Jekyll und Mr. Hyde, David und Goliath, Wladimir und Estragon, Marie Antoinette und ihr Kopf, Itchy and Scratchy, Marilyn Monroe und John F. Kennedy, Carius und Bactus, H & M, Maria und Joseph, Porgy und Bess, Scarlett und Rhett Butler, Tarzan und Jane, Rotkäppchen und der böse Wolf, Siegfried und Roy, Nordkorea und Südkorea sowie Bambi und seine Mutter. Sie alle werden von Alice und dem verrückten Hutmacher zum Tee eingeladen.

Großes Fest im Mehrzwecksaal! Wir begrüßen die salutvalenten Polypen. Die Frau am Steuer betritt die Bühne. Ah, ist sie nicht multipolytonal?

Das Hauptgericht besteht aus Wasser, Luft, Feuer und Erde. Und der modischen Schokoladenmousse von Luc Besson. Es wird von Choderlos de Laclos in Begleitung von André „Mon Dieu“ Rieu serviert. Zum

Helsing, Bill Gates et Steve Jobs, Bill Clinton et Monica Lewinski, Blanche-Neige et les sept nains, James Bond et Dr. No, Astérix et Obélix, Tom et Jerry, Jerry et Lewis, Lewis et Carroll, Robin Hood et le shérif de Nottingham, Bud Spencer et Terence Hill, Konrad Adenauer et Walter Ulbricht, Mozart et Salieri, Lucrèce Borgia et Alfonso d'Este, Duc de Ferrare, Richard et Cosima Wagner, Gilbert et Sullivan, Mr. Jekyll et Mr. Hyde, David et Goliath, Wladimir et Estragon, Marie Antoinette et sa tête, Itchy et Scratchy, John F. Kennedy et Marilyn Monroe, Carius et Bactus, H et M, Marie et Joseph, Porgy et Bess, Rhett Butler et Scarlett O'Hara, Le petit Chaperon rouge et le loup maléfique, Siegfried et Roy, Tarzan et Jane, Corée du Nord et Corée du Sud et Bambi et sa mère. Alice et le chapelier fou invitent tout le monde à prendre le thé.

La grande célébration dans la salle polyvalente ! Nous accueillons les polypes salutvalentes. La femme au volant entre en scène. Ah, n'est elle pas multipolytonale ?

Le menu principal est composé de l'eau, de l'air, du feu et de la terre. Et la mousse au chocolat à la mode de Luc Besson. Le tout est servi par Choderlos de Laclos, accompagné par André « Mon Dieu »

Gaudium der Gäste präsentiert Sir Tristram, Violer d'amore, eine Scharade namens *Die Brüste des Häresias*. Anschließend führen die Charismaeliten den Tanz der sieben Schleier auf. Es regnet Applaus! Der Raum implodiert: Nochmal, noch einmal!

Gespräche der Karmeliterinnen beim himmlischen Bankett: Man sagt, Narzissa, die abessinische Äbtissin, habe einen Abszess. Wer sollte ihr, der „Abzisse des Abgrunds", wohl die Absolution geben? Zwischenzeitlich transferieren dreiunddreißig Tripolitessen, begleitet von triolischen Triolinen, die gesamte Trinität auf ein Trampolin: *Hic Deus saltat humorum.*

Nun suchen wir einen Freiwilligen für das große Brandopfer. Mal sehen, wer war in dieser Ära noch nicht an der Reihe? Die große Hure von Babylon vielleicht, aus der ersten Reihe? Sehr schön, darf ich Sie mal auf die Bühne bitten? Achten Sie auf die Stufen, sie beißen. Sie lächelt süß, ihre plombierten Zähne blitzen auf. Das ist in Ordnung, ich beiße zurück. Ah, Sie sind wirklich eine Dame von Welt, Madame.

Es ertönt die Berceuse von Berlioz: *Gang zum Richtplatz*. Jetzt macht sich König Ubu doch ein wenig Sorgen um seine Frau. Die Flammen lodern empor! Die Hure brennt! Stolz steht sie aufrecht, und singt mit wogender Brust:

Rieu. Sir Tristram, le violeur d'Amor, présente une mascarade nommée : *Les mamelles d'Hérésias* pour le plus grand plaisir des invités. Ensuite, les charismaélites exécutent la danse folklorique des sept voiles. Vifs applaudissements ! La salle implose : Encore, encœur une fois !

Les dialogues des carmélites au banquet céleste : On dit que Narcissa, l'abbesse abyssine, a un abcès. Mais qui devrait lui donner, « l'abscisse de l'abîme », l'absolution ? Entre-temps trente-trois policiers de Tripolis, accompagnés de triolines triplés, transfèrent la totalité de la trinité sur un trampolin : *Hic Deus saltat humorum.*

Ensuite, on cherche une volontaire pour le grand sacrifeu. Alórs, qui n'a pas eu son tour dans cette ère ? La Grande Pute de Babylone du premier rang peut-être ? C'est merveilleux, je peux vous inviter à monter sur scène ? Attention aux marches, elles mordent. Doucement elle sourit, ses dents avec ces plombes scintillent. Ce n'est pas grave, moi, je mords également. Eh bien, vous êtes vraiment une Dame du monde, Madame. Retentit la berceuse de Berlioz : *Marche au supplice.* Maintenant, le roi Ubu s'inquiète un peu pour sa femme. Les flammes s'élèvent ! La pute flambée ! C'est là

Im Feuer leuchtend,
liegt dort dein Herr,
Siegfried, mein seliger Held.
Dem Freunde zu folgen, wieherst du freudig?
Hojotoho! Grüß' deinen Herrn!
Selig grüßt dich dein Weib!

Der Rhein tritt über die Ufer, die Burg steht in Flammen. Woglinde, Wellgunde und Waghalsine schwimmen auf den Wellen, Hagens Leiche mit sich tragend. Sobald die Götter von den Flammen gänzlich verhüllt sind, fällt der Vorhang.

qu'elle se tient debout, fière, elle chante de plain poumonts, ses seigns voguent :

> Ah, illuminée par le feu,
> gît ton Seigneur,
> Siegfried, mon ami au cieux.
> Pour suivre l'ami tu gémi de réjouissance ?
> Hojotoho ! Salue ton seigneur !
> Te salue des cieux ta femme !

Le Rhin se déchaîne, le château est en feu. Woglinde, Wellgunde et Waghalsine nagent sur les vagues, portent le corps de Hagen. Lorsque les dieux sont complètement voilés par les flammes, le rideau tombe.

III. Die Zustände des Geistes

III

Les états d'esprit

Klarheit

Solennität, Maskulinearität, Femmaterialität. Wir stehen am Strand des Urmeeres der Schöpfung und betrachten den Aufgang der Neuen Sonne. Aperól du sol: olé!
Mathematerie: Division durch Null. Das grüne Glas ist gefüllt mit informeller Musik. Unbegrenzte Einsamkeit.
Es läuten die Glocken. Ein Clochard aus La Rochelle spielt Rocharde mit einem Rochen. Klarheit des Mondes, Klarheit des Lichts. Elision der Illusion und Elysium.
Röntgenuntersuchungen zeigen Y-förmige Stifte. Niemand bemerkt, was nicht geschieht: Leere Quinten.
Sonnengruß der Seele. Videalität: präreal, surreal, homöostatisch. Innere Ekstase ist die Freude vor der Schöpfung. Darauf ein Bier! Die Gravitation wird granuliert.

Clarité

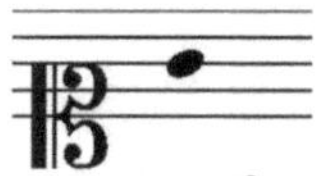

Solennité, masculinearité, fémmaterialité. Nous nous tenons sur la plage de la mer primaire de la création et admirons le lever du soleil nouveau. Aperól du sol : olé !

La matièrématiques: division avec zéro. Le verre vert rempli d'une musique informelle. Solitude illimitée.

Elles sonnent les cloches. Un clochard de La Rochelle joue une Rocharde avec une raie. Claire de la lune, claire de la lus. Elision d'illusion et d'elysée.

Dépistage aux rayons X révèle des crayons Y. Personne ne remarque ce qui ne se passe pas : Quintes vides.

Salutation au soleil de l'âme. La vidéalité : préréel, surréel, homéostatique. L'extase intérieure est la joie d'avant la création. Puis une bière ! La gravitation est granulée.

Wahrheit

Die große Monodie, gespielt von Loriod auf dem Ondes Martenot: jenseits aller Vernunft. Wahrlich, das sag ich euch: Der Schrei der Vernunft ist nicht die Kritik des Herzens. Merkt euch das.
Nichts ist im Fleische, was nicht zuvor im Geiste war. Primär im Hippocampus findet die Apokalypse statt: Hippokalypse.
Eine Prozession grauer Mönche zieht vorbei. Sie kasteien sich mit Kastanien und Kastagnetten und deklamieren die Großen Responsorien der Vier Säfte des Paradieses:

Saft vom Pfirsich der Sünde.

> *Miserere nostri peccatorum in nomine Petri und Patri ab urbe condita nunc und in hora mortis, Amen.*

Saft von der Birne der Gerechtigkeit.

> *Alorandum est inabilis de festivitate prima nocte iurisdictionem Sanctissimum, Amen.*

Saft von der Traube Jesu.

> *Et pastores eundem sempre fidelis viderunt omnium ad infinitum splendidior Spiritum Sanctum, Amen.*

Vérité

La **grande monodie,** interprétée par Loriod sur les Ondes Martenot : àpart de tous sens. En vérité je vous le dis : Le crit de raison n'est pas la critique du cœur. De ceci souvenez-vous.

Rien n'est dans la chair qui n'ait été dans l'esprit. L'apocalypse a lieu dans l'hippocampe : l'hippocalypse.

Une procession de moines gris passe. Ils se châtient avec des châtaignes et des castagnettes et déclame les Grands Répons aux Quatre Jus paradisiaque :

Jus de la pêche du péché.

Miserere nostri peccatorum in nomine Petri et Patri ab urbe condita nunc et in hora mortis, Amen.

Jus de la poire de la Justice.

Alorandum est inabilis de festivitate prima nocte iurisdictionem Sanctissimum, Amen.

Jus de la raisin de Jesús.

Et pastores eundem semper fidelis viderunt omnium ad infinitum splendidior Spiritum Sanctum, Amen.

Saft vom Apfel der Erkenntnis.

> *Adoramus te in der Verherrlichung Mysticorum et in unum Dominum altissimum in saecula saeculorum, Amen.*

Rechteckige Morgenröten, gesäumt von dreimal sieben chronochromatischen Harmonien, formen die Worte *Und der Tod wird nicht mehr sein, noch Leid noch Geschrei noch Schmerz wird mehr sein; denn das Erste ist vergangen.*

Einheit

Utrum autem in nomine universalis est unum Dominum. Die Heiligen kehren heim ins Königreich: eine vollständig hyperbolische, zwölfdimensionale Kugel.
Dies ist, was der Trigonomeister lehrt: Sinus und Cosinus sind schottische Cousinen. Hat die Kissen hinter sich. Topologie der Pomodoren.
Und weiter: Die Funktion der höchsten Winkel ist epigonal. Dies führt zu einem Dialog zwischen den Diagonalen:
– Schneiden wir uns im Unendlichen?
– Nö, lass uns gleich in die Kneipe gehen.

Jus de Pomme de révélation.

Adoramus te in glorificatione Mysticorum et in unum Dominum altissimum in saecula saeculorum, Amen.

Des aurores rectangulaires, bordées de trois fois sept harmonies chronochromatiques, forment les mots : *La mort ne sera plus et il n'y aura plus ni deuil, ni cri, ni douleur, car ce qui existait avant a disparu.*

Unité

Ut***rum autem*** *in nomine universalis est unum Dominum.* Les saints rentrent dans leur royaume : une sphère complète hyperbolic en douze dimensions.

C'est ce que le trigonomaître enseigne : Le sinus et le cosinus sont des cousins écossais. Les coussins derrière. Topologie des pomodores.

Et plus loin : La fonction des angles suprêmes est épigonale. Cela conduit à un dialogue entre les diagonales :

– Nous coupons-nous à l'infini ?

– Non, allons directement au pub.

Zwei Parallaxen aus einer parallelen Realität praktizieren irreguläre Periodizitäten. Paranormal. Die Tatsachen sind jedoch unwiderruflich: *Christus factus est.* Quadrieren Sie die Grundfläche der axiomatischen Krümmungstensoren im hyperdimensionalen Vektorraum. Multiplizieren Sie mit 1: *Et ascendit in coelis.*

Erleuchtung

Revue der Levitation des Heiligen Martinus von Messkirch, legitimiert und liniert von Linné, Lamarck und Mademoiselle Perrault de Saint Sulpice. Es spricht der Verfasser der „12 Bücher einer neuen Topologie der Vernunft", sowie „Veritas des Variétés – Ein anagrammatisches Drama in sieben Akten":

Lesung aus dem Buch des Benediktionars.

Die Anwesenheit des Seins ist bedingt durch die Zeitlichkeit der Zeit. Da ohne das Sein die Zeit jedoch nicht sein kann, da diese durch jenes über-

Deux parallaxes dans la réalité parallèle pratiquent des périodicités irrégulières. Paranormal. Les faits sont cependant irrévocables : *Christus factus est.* Mettre au carré la base des tenseurs de courbure axiomatiques dans l'espace vectoriel hyperdimensionnel. Multipliez par 1 : *Et ascendit in coelis.*

Révélation

Revue de la levitation de Saint Martinus de l'Eglise de Notre Messe, légitimé et ligné par Linné, Lamarck et Mademoiselle Perrault de Saint Sulpice. L'auteur des « 12 livres d'une nouvelle topologie de la raison » et « Veritas de variété – Un drama anagrammatique en sept actes » interviendra.

Lecture du livre de la Benedictionaire.

La présence de l'être est conditionnée par la temporalité du temps. Cependant, puisque le temps ne peut pas être sans être, puis

haupt erst sich verzeitlichen kann, bedingt schlussendlich das Sein sich allein durch sich selbst. Andererseits gelangt erst durch die Zeit das Sein in seine Wirkhaftigkeit, wodurch es erst als ebenjenes Sein wirken kann, als das es in der Wirk-lichkeit erscheint. Das Sein ohne Verzeitlichung ist stets auf sich selbst bezogen; dies entspricht der innerweltlichen *Betrachtung*. Die Seinshaftigkeit der Zeit hingegen entspricht der äußeren Wirklichkeit und ist somit stets mit Welthaltigkeit anbehaftet."

Und es explaudieren darob alle Engel, mit Rasseln, Pfeifen, Reifen, Kochtöpfen, Autohupen, Fahrradglocken, Karfreitagsrasseln, Hörnern, Guiros, Spielzeugtröten, Feuerwerkskörpern, Holzschuhen, Konservenbüchsen und Blechtrommeln. Hic, haec, Hosianna! Heureka, habemus Popam! Hablamos espagnol! Die Nachtigall macht trálalá und Hopsassa! Kommt all, ihr Claqeure, und sehet dies Wunder!

Gaudeamus igitur!
Nous de coelis!
Cantate, vigilate, et explodate!

qu'il ne peut être temporalisé que par soi-même, l'être se détermine finalement uniquement par lui-même. D'autre part, l'être n'entre dans son actualité qu'à travers le temps, par lequel il ne peut agir uniquement en tant qui potentialité d'activité. L'être sans temporalisation est toujours lié à lui-même ; cela correspond à la *considération* intérieure-mondaine. L'être du temps en revanche correspond à la réalité extérieure et est tributaire de la condition de l'essentialité mondiale. »

Et tous les anges explaudissent avec des hochets, des sifflets, des pneus, des marmites, des klaxons de voitures, des cloches de vélos, des rochets du Vendredi saint, des klaxons, des guiros, des cornes jouets, des pétards, des chaussures en bois, des boîtes de conserve et des tambours en fer-blanc. Hic, haec, hosianna ! Heureka, habemus popam ! Hablamos espagnol ! Le rossignol il fait trálalá et hopsasá ! Allez, claqeurs, et voir le miracle !

Gaudeamus igitur !
Nous de coelis !
Cantate, vigilate et explodate !

Erhabenheit

Faleri, falera, fabulös – *aurora surrealis* und der Glanz des ewigen Morgens:

J'accuse! Jantuse! Sanctus!

Einer kristallenen Karosserie, geformt wie ein Kürbis, entsteigt: Sainte Radegonde du Grand Cru, eine Pique-Dame, fröhlich und charmant. Mit Engelszungen singt sie die berühmte Arie der Vulgata *L'etat c'est voix*, aus dem siebten Himmel der Oper „Ariadne in Burgund" von Poenitentias Adipoete, einem Komponisten des galanten und empfindsamen Stils. Ihr süßes und heiliges Klanggeheimnis verführt sogar Moses zu animalischen Animositäten.
Es folgen die *Vier Motetten für eine Zeit der Renitenz*, worin verschiedene Tiere der himmlischen Zoologie auftreten: Springböcke, Rehböcke, Tulpenvögel, Mutterziegen, Prolopen und Antilopen, akustische Mäuse, peripathetische Pataplane, geschwätzige Katzen und eine intellektuelle Kuh. Als Zugabe gibt sie einen der beliebtesten Schlager der Nachwelt zum Besten: *Jedes Einhorn ist ein Unikum*.
Engelskugeln rollen aus der Bäckerei. Ein Chocolatier namens Pralisse ruft aus: Öffnet die Werke der Eier!, und präsentiert daraufhin unbegrenzte, von Motten-

Sublimité

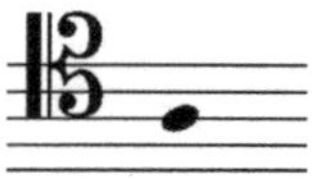

Falerí, falerá, fabuleux – *aurora surrealis* et brillance du matin eternelle :

J'accuse ! Jantuse ! Sanctus !

Sors d'une carosserie de cristal en forme de citrouille Sainte Radegonde du Grand Cru, une pique-dame jovilante et charmeneuse, qui chante avec des langues d'ange : *L'etat c'est voix,* le célèbre air de Vulgate du septième ciel de l'opéra « Ariane en Bourgogne » de Poenitentias Adipoete, un compositeur du style galant et sensible. Ton secret sucré et sacré du son : Detourne même Moïse à des animosités animales.

Voici les *Quatre motets pour un temps de renitence* dans lequel apparaissent divers animaux de la zoologie céleste : Les springboks, les reeboks, les oiseaux tulipes, les chêvres mères, les prolopes et les antilopes, les sourris acoustiques, les pataplanes peripathetiques, les chattes bavardeuses et la vache intellectuelle. En bis, elle interprète l'un des tubes les plus populaires de la postérité : *Chaque licorne est unique.*

Les boules d'anges roulent de la boulangerie. Un chocolatier nommé Pralisse s'exclame : Ouvre

hirten-Schmetterlingen umgebene Pralinen. Perfekte Parfaits und Parfums. Rauchen verboten. Allerdings nur heute.

Jacluse! Vablonge! Vaucluse!

Es reitet Jeanne d'Arc-en-ciel auf einem pflaumenblauen Apfelschimmel die goldgepflasterte Alabasterallee hinab. Mit einer Zwille schießt sie Bonbons und Cremetörtchen auf die jubelnde Menge:

J'adore! J'amais! Jacqueline!

Ihr folgen Prälaten, Malachiten, Proverbeneaten, Dentisten und Dendriten, Mitochondriten, Zeloten, Zelaten und Zelluloiden, Piraten, Piloten, Zelebriten, Zelebranten und Volontäre, Zoognaten, Zarathustren und Gnoistizisten, Penaten und Pensionäre, Patrioten und Polizisten, Publizisten und Enthusiasten, Gymnasiasten, Populisten und Päderasten, Puristen, Touristen und Pilgerväter, Druiden, Hebriden und Hybriden, Rezeptionisten, Solipsisten, Illusionisten, Karikaturisten, Castriden, Kastraten und Kastagnetten, Klarinettisten und Konjugateure, Kameralisten und Innovateure, Immoralisten und Insolventen, Baptisten, Bassisten, Koaguliten und Kohäretiker, Kongenialiten, Mennoniten, Moritaten und Moribunde, Monolithe, Heizungsmonteure und Saboteure, Eleviten und Aleuten, Transvestiten und Transvestalinnen, Amateure, An-

les œuvres des œufs ! et presentes pralinées illimitée, entouré par des papillons papeuses-pasteuses ! Parfaits, parfumes, fumer interdit. Aujord'hui seulement.

Jacluse ! Vablonge ! Vaucluse !

Elle chevauche, Jeanne d'Arc-en-ciel, sur un pommeles bleu prunes à travers l'allée d'albatre pavée d'or. Avec un lance-pierre elle fait exploser la foule en liesse avec des bonbons et des gâteaux à la crème.

J'adore ! J'amais ! Jacqueline !

Elle est suivie de la procession des prélats, malachites, proverbéneates, dentistes et dendrites, mitochondrites, zelotes, zélates et celluloïdes, pirates, pilotes, célébrités, célébrants et volontaires, zoognates, zarathustriens et gnoïsticistes, pénates et retraités, policiers, publicistes, patriotes, passionnés, gymnastes, populistes et pédérastes, puristes, touristes et pères pèlerins, druides, Hébrides et hybrides, réceptionnistes, solipsistes, illusionnistes, caricaturistes, castrides, castrats et castagnettes, clarinettistes et conjugateurs, caméralistes et innovateurs, immoralistes et failleurs, des baptistes, bassistes, coagulites et cohérents, congéniaux, mennonites, monolithes, morités et moribondes, des

eurysmen und Kaffeeautomaten, Animateure, Stenotypisten, Sterndeuter und Magier, Stereotypiden und Stupendenten, Stipendiaten, Magistranten, Ministranten und Elevateure, Tütensuppen von Maggi, die Heuchler von Elufa, Parasiten und Paraphrasen, Fakultäten und Fata Morganas, Fatalisten, Peripathetiker und Atheisten, Matheisten, Minimalisten, Kaseiten, Kassierer, Kosmonauten und Kassandreure, Theophrasten, Bombasten und Paracelsianer, Gottesanbeter und Arachniden, Fellaten und Fellachen, Homöopathen, Antipathen, Bademeister und Propädeuten, Sylphiden und Dryaden, Pantheisten und Cunnilinguisten, Staubsaugervertreter, die Volksfront von Judäa, Autisten, Artisten, Absolutisten und Relativisten, Relevante und Renitente, sämtliche Barbiere von Sevilla, Protagonisten und Antagonisten, Freudianer, Jubilianer, Hallelujaner, Gratulateure, Kondoleure und Gondolieri, Chauvinisten und Chauffeure, Paläontologen und Pornodarsteller, Primaten, welche bekleidet waren oder auch nicht, die Verkünder der Lottozahlen, Einzelmännchen und Heinzelmännchen, Psychopathen und Spiritisten, Spirituelle und Spirituosen, die Adventisten des Siebenten Tages, deren Zeit nun endlich gekommen war und welche befriedigt „Sehet! Haben wir es nicht gesagt!?" zueinander sprachen, Sadisten und Alpinisten, Satanisten und

chauffeurs monteurs et saboteurs, des elevites et des Aléoutiennes, travestis, transvestales, des amateurs, animateurs, anévrismes et machines à café, des sténotypistes, stéréotypes et stupéfiants, boursiers, magistrants, acolytes et ascenseurs, magiciens, astrologues, les soupes en sac de Maggi, les hypocrites d'Elufa, les fatalistes, les facultés et mirages, des parasites et des paraphrases, des péripathiques et des athées, mathistes, minimalistes, des casites, caissières, cosmonautes et Cassandreurs, des théophrastes, bombastes et paracelsiens, des adorateurs et des arachnides, des fellates et felláches, des homéopathes, des antipathes, des sauveteurs et des propédudes, des sylphides et des dryades, des panthéistes et des cunnilinguistes, des représentants des aspirateurs et du front populaire de Judée, des autistes, artistes, absolutistes et relativistes, des pertinents et des impertinents, tous les barbiers de Séville, protagonistes, antagonistes, des freudiens, jubiliens et alléluians, bienfaiteurs et condoléanciers, gondoliers et chauvins, des chauffeurs, paléontologues, des acteurs pornos, des primates vêtus ou non, des hérauts des numéros de loterie, des lutins, des hommes seuls, des psychopathes et spiritualistes, des spirites et des esprits, des adventistes du septième jour dont l'heure était enfin

Sündenböcke, Pietisten und Skipisten, alle Nachbarinnen aus dem dritten Stock, Pianisten, Komponisten, Postboten und Kommunisten, und ihrer sind jeweils tausend mal tausend, und hinterdrein kommen Mathis der Maler, Hermes Trismegistos und der ungläubige Thomas.

Und sie kommen aus Vitalien und Randalusien, aus Sportugal und Tanzania, aus Tripolis, Quadropolis und Monopolis, und alle tanzen Pirouetten, Arabesken, Kapriolen, Badinerien, Rumba, Salsa und Schuhplattler, Samba, Gigues, Reigen, Molonaisen, Polonaisen und Dijonaisen, Cha-cha-cha und Chiqueria, Tango, Mango, Rundo und Rondeau, Ballett und Foxtrot, Fußball, Walzer und Hardrock, Softrock und Kuschelrock, Gaillarde, Galante und Guerilla, Hasarde und Rocharde, Hip-Hop und Hop-Hip, Lindy-Hop und Ländler, Slowfox, Fastfox, Veryfastfox und Speed-of-light-Fastfox, Steptanz und Stoptanz, Lambda und Lambada, Labanaise und Flamenco, Merengue und Bachata, Toccata, Fughetta, Fioritura und Accaciatura, Apocalypso, Pogo, Pop und Polka, Gavotte, Saloppe und Galopp, Gargouillarde, Courante, Allemande, Boogie-Woogie und Bolero, Française, Franchise und Seiltanz, Säbeltanz, Nebeltanz, Khachaturienne, Nabeltanz, Messer-und-Gabeltanz, Marche militaire, Chicoree und Chaconne, Re-

venue et qui ont dit avec satisfaction « Voiez ! Ne l'avons-nous pas dit ! ? », des satanistes, sadiques et boucs émissaires, des alpinistes, des pistes de ski et des piétistes, des voisins du troisième étage, des pianistes et des facteurs et des communistes et des compositeurs, et de tous millefois mille, puis viennent Mathis le peintre, Hermès Trismégiste et Thomas l'incrédule.

Et ils viennent de Vitalie et Randalousie, de Sportugal et de Dansania, de Tripolis, Quadropolis et Monopolis, et tout le monde danse des pirouettes, arabesques, câpres, badineries, rumba, salsa et Schuhplattler, samba, gigues, ronde danse, molonaise, polonaise et dijonaise, cha-cha-cha et chiqueria, tango, mango, rundo et rondeau, ballet et foxtrot, football, valse et hard rock, soft rock et le rock blotissant, Gaillarde, Galante et Guerilla, Hasarde et Rocharde, Hip-Hop et Hop-Hip, Lindy-Hop et Ländler, Slowfox, Fastfox, Veryfastfox et Speed-of-light-Fastfox, claquettes et stop dance, Lambda et Lambada, Labanaise et Flamenco, Merengue et Bachata, Toccata, Fughetta, Fioritura et Accaciatura, Apocalypso, Polka, Pop et Pogo, Gavotte, Saloppe et Galop, gargouillardes, Boogie-Woogie et Boléro, Courante, Allemande, Française, Franchise et danse de la corde raide, Khachaturienne, danse

gentanz, Sonnentanz, Popanz und Paartanz, Table dance, Capoeira, Reise nach Jerusalem, Carbonara, Danse macabre, Hüpftanz, Springtanz und Balztanz, Spitzentanz, und schließlich den ordinären Rempel- und Rumpeltanz.
Tusch, touché und Tataa! Tantralisierung des Lazarus.
Et excelsior in unum aurem semper fidelis orantem.

Exclamate!

Ordinate!

Jubilate!

Gelassenheit

Silbrige Silben regnen auf Trauerweiden. Sieh nur, wie schön die Cedillen blühen! Zwei senile Sirenen besuchen Sanssouci vor dem Ursprung der Erschaffung der neuen Welt. Es sind die sensiblen Schwestern des Abends, Cécile und Sabine. Sie wissen, wie man lebt, das wissen sie. Es ist eine Nacht aus weißem Satin, wie eine Melodie von Satie, gespielt auf der Sitar. Aus dem Vollmond tropft Licht, ein Fuchs

du sabre, danse du brouillard, danse du nombril, danse du couteau et de la fourchette, marche militaire, chicorée et chaconne, danse de la pluie, danse du soleil, danse du balai et danse de couple, danse de table, chaises musicales, capoeira, carbonara, danse macabre, danse du houblon, danse sautée et parade nuptiale, danse du point et enfin danse ordinaire des bousculades et grondements.

Touche, touchée et Tatá ! La tantralization du Lazare. *Et excelsior in unum aurem semper fidelis orantem.*

Exclamate !

Ordinate !

Jubilate !

Serenité

Sillabes d'argent pleuvent sur les saules pleureurs. Voyez comme les cédilles fleurissent belles ! Deux sirènes seniles visitent Sanssouci avant l'origine de la creation du monde nouveau. Il y a les sensibles Cécile et Sabine, les sœurs du soir. Le savoir vivre ils savent. C'est une nuit de blanc satin, comme un mélodie de Satie, joué sur la sitar. La lu-

schnüffelt am Saum des Kleides der sensiblen Cécile. Im grünen Salon lauschen sie den Sonetten und Sonaten, die auf dem Cembalino-Spinett gespielt werden. Samsara des Westens. Unter den Arkaden, bei den Esplanaden, reüssiert Renoir, der kanardische Grenadier, ebenfalls am celestinen Cembalo. Seine Frau wendet die Noten.
Émile Zola bestellt eine Zabaione, Ennio Morricone (soeben angekommen) pfeift glücklich. Si, Signor! sagt Sissi, die Kaiserin, lächelnd. Sie knabbert heimlich an einer konfiszierten Konfiserie. Auf einem Eisberg treibt gelassen Celine de Dijon vorüber und rezitiert aus den Schriften des Konfuzius:
„Es wachsen Pampelmusen auf Pappeln im Paradies. Paletten voller Pailetten kann man dort kaufen, Ballett tanzen, ein Tablett mit Chablis trinken – Cremant de Crimée und eine versoffene Haushälterin ergeben eine gute Vorlage für ein Kabarett. Lasset uns anstoßen mit einem riesligen Wein auf die Sintflut!"
Abermals die Herzen der Silhouetten. Panorama des Abgrunds, Pinoir aus Sand. Salz auf unserer Haut. Nicht ohne meinen Champagner!
Ein Kanu der Chronik, ein Kanon von Mignon. Manon Lascaux und der Cromignon. Salienz der wirklichen Stille.

mière coule de la pleine lune, un renard renifle au bord de la robe de Cécile la sensible. Dans le salon vert, ils écoutent les sonnets et sonates, joué sur l'épinette cembaline. Samsara de l'ouest. Sous les arcades, par l'esplanades, Renoir, le grenadier canardien, réussi au clavecin celestine. Sa femme tourne les pages.

Émile Zola commande une zabaione, Ennio Morricone (vient d'arriver) siffle joyeusement. Si, Signor ! dit Sissi, l'impératrice, en souriant. Elle grignote secrètement la confiserie confisquée. Céline de Dijon dérive tranquillement sur un iceberg et récite des écrits de Confucius :

« Au paradis, les peupliers poussent avec des pamplemousses. Achetez pallettes de pailettes, dansez le ballet, buvez un tableau de Chablis – cremant de crimée et une gouvernante ivrongne font un gabarit pour un cabaret. Trinquez au déluge avec un vin ruge ! »

Encore une fois le cœur des silhouettes. Panorames de l'abîme, Pinoir de sable. Les vaisseaux du cœur. Jamais sans mon champagne !

Un canoë chronique, un canon de Mignon. Manon Lascaux et l'homme de Cromignon. Saillance du silence réel.

Ewigkeit

Spiegel des Raums, Jahrtausende ohne Bedeutung. Der Name des Vaters ist Pèremanenz. Die Transzendenz eines Lebensmittelgeschäfts. Lobgesang auf den Sommer der Ewigkeit.
Unbesiegbar. Unsichtbar. Unteilbar und individuell. Indigo und indigen. *Unigenitum.* Transzendentale Traduktion des Traktats der musikalischen Sprache. Tonalität. Totalität. Visionen von Tee. Deum laudamus. Er thront auf dem heiligen Berg der Realität. Auf den Montrealité gelangen Sie mit einem Transkalator. Die Kreation des Westens findet im Sommer statt. Orient und Oxygent haben einen Unfall: Crash der Kulturen. Das Herz als Radiator ist der Projektor des Intellekts: Zusammenprall der Gedanken. Club der Lebenden. Dichter.
Im Zentrum der tiefsten Unwissenheit liegt der quadratische Punkt ohne Ausdehnung. Der Radius des Paradieses spielt keine Rolle. Bleib in der Mitte.

Eternité

Miroir d'espace. Millénaires insignifiants. Le prenom du père c'est pèremanence. La transcendence d'une epicerie. Louange a l'éténité de l'été. Invincible. Invisible. Indivisible et individuel. Indigo et indigène. *Unigenitum.* Traduction transcendental traduite en traité de language musicale.

Tonalité. Totalité. Visions de thé. Deum laudamus. Il est intronisé sur la montagne sacrée de la réalité. Vous pouvez vous rendre à Montrealité avec un transcalateur.

La creation de l'ouest á lieu en été. Oriente et oxygente ont un accident et ils se heurtent : Crash des cultures. Le cœur comme radiateur est le projecteur de l'intellect : Clash de pensée. Club des vivants. Poètes.

Au centre de l'ignorance la plus profonde se trouve le point carré sans expansion. Le rayon du paradis n'a pas d'importance. Demeurez au midi.

A M **A** R O
M A **R** O R
A M O R E
R O **M** A M
O R **E** M A

Reine Zahl: Myriaden von Kyriaden. Kyrionen. Und schließlich Lyriaden. Dagobert der Kyrilliardär: Kyrilí, Kyrilá.

Das Paradies, das lacht:
Kyrie Elysium.

A M A R O
M A R O R
A M O R E
R O M A M
O R E M A

Le nombre pure : Myriades des kyriades. Kyriones. Lyriades enfin. Dagobert le kyrilliardaire : Kyrilí, Kyrilá.

Le paradis qui rit :
Kyrie elysium.

Nun aber ist es, wie es war von Anfang an: Wie ist es möglich, in der Ewigkeit zu leiden? Dazu bedürfte es eines Vorher und eines Nachher, in welchem die Reaktion auf das erfolgt, was zuvor war. Im Ewigen aber, da es weder Zuvor noch Hernach gibt, weder Erinnerung noch Erwartung, ist nichts als Gegenwart, welche das Wort Gottes ist.

So wie das Vergangene niemals war, das Zukünftige niemals sein wird, so bleibt das Nun ungeteilt: dies ist der Heilige Geist, daraus der Vater und der Sohn hervorgehen. Indem die Trinität sich teilt in scheinbar drei Entitäten, so ist scheinbar die ewige Gegenwart geteilt in Vergangenes und Künftiges. Bleiben wir jedoch in der Mitte, in der Anschauung, so wird uns die süße Gnade der unmittelbaren Erkenntnis zuteil, welche ist: Ich und der Vater sind eins. So spricht der Menschensohn, dies ist Gottes Wort.

Lausche aufmerksam!
Nur in der Stille hörst du
das Lachen Gottes.

Nunc est autem in principio: *Quomodo est possibile, pati in aeternum? Sed eget Ante et Nunc, in quo reactionem, quod ante fit. Talis datur in tempore: in aeternum, sed nec ante nec post, ut nec memoria, nec spem, nihil est autem, quod peperit nunc, quod est verbum Dei.*

Ut praeterita non fuisse*, nunquam futurum sit, nunc ergo remanet indivisa. Et Spiritus Sanctus, Patris et Filii a quo procedat. Quod trinum fatiscente uanescere in quo videtur esse tria, ita aeterno praesentia videtur scinditur in praeterito et futuro. Sed maneat in medio sit scriptor in aspectu, sic erit dulcis ad gratiam statim autem scientiam, quod est: Ego et Pater unus est. Filius enim hominis ita loquitur, id est verbum Dei.*

Tend l'oreille grand :
Que dans le plain silence
gît le rire divin.

Grammaire de l'indicible

s'applique à tous les mots à base irréductible

1. Les pronoms du prénom sont:

- -ju
- -lu
- -clu, -sœl, -isse
- -veinte
- -seinte
- -volòtrepretènte

Remarque: Cette série ne s'applique **pas** dans le passé temperée !

2. La conjugaison du proverbe est:

- ma de*ju*
- t'un deve*lu*
- peut de*clu* / **diveille**-*sœl* / **dijon***isse*
- mère de*veinte*
- père de*seinte*
- prumœil de*volòtrepretènte*

Notez le changement de la racine lexématique dans le troisième etage !

3. L'elevation de l'aperitif c'est comme suit :

- fromœuil *(compositif)*
- fromérvage *(suprematif)*
- fromagieux-gilante *(statut de la fondue)*

4. Les formes du spécialitif à *tre-* **:**

- specialitif simple : *tresor*
- specialitif composée : *tres heures*
- specialitif fonctional : *très horlogique*

Indeclimabilis
est verbum tuum.

I. La semaine sans semantique

II. Les sept instruments

III. Les états d'esprit

Vom selben Autor erschienen

Gedankenklang

Gesammelte Texte von 2002 bis 2018: Gedichte, Erzählungen, Reiseberichte, Theaterstücke und Aphorismen.

AbisZett-Verlag
300 Seiten
ISBN 978-3-748199-23-6

abiszett.

Partituren, CDs und Hörbücher von Sven Hinz finden Sie unter

www.klangsignale.com

Klangsignal Verlag